99 GESUNDE
GENUSSREZEPTE

für zwei

99 GESUNDE GENUSSREZEPTE

für zwei

TEXT: IRA KÖNIG
FOTOS: WOLFGANG SCHARDT

INHALT

Gesund genießen!

Täglich eine Schüssel voll knackig frischem Salat, viel Obst und Gemüse. Ein Stückchen Fleisch oder Fisch mit etwas weniger Fett und Kalorien – das klingt doch gut und tut vor allem gut. Gesunde Ernährung kann so einfach sein ...

Es gibt sicher tausend gute Gründe sich bewusst zu ernähren. Der Wichtigste überhaupt: Gesundes Essen hält fit, schlank und gesund und das bis ins hohe Alter. Trotzdem fällt es uns schwer, dieses Wissen in unseren Lebensalltag zu übertragen: Fehlt doch nach einem langen Tag oft die Zeit oder Muße für einen Einkauf und das Schneiden und Rühren in der Küche. An anderen Tagen können wir gar nicht anders, als unseren Gelüsten zu folgen oder aus Zeitnot und Stress zu Fast-Food aus der Tiefkühltruhe zu greifen. Damit gewinnen wir aber kaum wirklich Zeit. Dafür machen sich die Folgen davon auf lange Sicht langsam und schleichend in Form überflüssiger Kilos bemerkbar. Man wird schlapp, träge und fühlt sich nicht richtig wohl in seiner Haut. Schnelle Hilfe dagegen verspricht dann häufig der Griff zur Vitamintablette oder zum Joghurt, der mit speziellem Vitaminzusatz lockt. Dafür geben wir dann gerne etwas mehr aus und glauben, uns etwas Gutes zu tun. Aber ist das denn überhaupt nötig?

Was heißt eigentlich gesund essen? Es bedeutet nicht, sich nur noch von Gemüse, Obst und Vollkornprodukten zu ernähren. Es bedeutet aber, all diese Produkte mit in unseren Speiseplan aufzunehmen. Denn wer die ganze Bandbreite der uns angebotenen frischen, naturbelassenen Lebensmittel nutzt, lebt automatisch ausgewogener, abwechslungsreicher und damit gesünder und fühlt sich durch die vielen verschiedenen Geschmackseindrücke satter und zufriedener. Hier nimmt uns glücklicherweise bereits

die Natur einiges an Arbeit ab: Wer mit den Jahreszeiten einkauft, dem ist Vielfalt und vor allem Frische und Aroma der Produkte garantiert, besonders wenn sie aus der eigenen, unmittelbaren Region stammen. Wann welches Gemüse und Obst am besten auf den Teller kommt, können Sie unserem übersichtlichen »Saisonkalender« (s. Seite 20/21) entnehmen.

Auf all das haben wir bei der Zusammenstellung unserer Rezepte geachtet. Es wird jede Menge frisches saisonales Gemüse verwendet, mageres Fleisch und Fisch. Bei Reis, Nudeln und Mehl haben wir oft die Vollkornvariante gewählt und möglichst hochwertige Öle eingesetzt. In den Desserts und Süßspeisen ersetzt Honig und Apfeldicksaft häufig raffinierten Zucker. Zusätzlich helfen schonende Garmethoden wie sanftes Dünsten, Garen in der Folie oder Schmoren im eigenen Saft möglichst viele Vitamine, Mineralstoffe und vor allem auch das ganze Aroma einzelner Lebensmittel zu bewahren. Mehr braucht es kaum. Vielleicht noch ein wenig Zeit und Sorgfalt beim Einkauf von erntefrischem Gemüse, Obst, Kräutern, gutem, aromatischen Fleisch, frischem Fisch oder auch mal der ein oder anderen unbekannten Spezialität. Sich gesund zu ernähren, ist nämlich gar nicht schwierig, sondern bedeutet vielmehr Genuss!

GENUSS GARANTIERT

Wer sich gesund ernährt, dem ist täglicher Genuss garantiert! Ein schöner Satz, der sich aber leicht verwirklichen lässt. Hilfe, Tipps und viele einfach umzusetzende Anregungen dazu finden Sie auf den nächsten Seiten. Richtig genießerisch wird es dann im anschließenden Rezeptteil mit 99 gesunden Rezeptideen und viel Interessantem und Wissenswertem zu ausgewählten Zutaten.

Gesund – was heißt das?

Wer gesund ist fühlt sich rundum pudelwohl. An diesem Wohlgefühl, das weiß man heute, ist unsere Ernährung wesentlich beteiligt. Darum ist es toll, dass wir diesen Teil unserer Gesundheit täglich selbst beeinflussen, mitbestimmen und sogar genießen können. Aber wer die Wahl hat, hat die Qual! Darum wollen wir ihnen helfen, sich leichter für die wirklich gesunden Lebensmittel zu entscheiden.

Frisch auf den Tisch

Frische, naturbelassene Lebensmittel wie Obst und Gemüse, Hülsenfrüchte, Getreide- und Milchprodukte haben viele Vorteile. Sie liefern unserem Körper in einem Schwung alles was er braucht: Viele Vitamine, Mineralstoffe, hochwertiges Eiweiß, komplexe Kohlenhydrate und Ballaststoffe. Dabei sind gerade viele Gemüsesorten im Vergleich zu ihrer Nährstofffülle wahre Leichtgewichte. Zum Beispiel enthält eine Portion Kartoffeln gerade mal etwa 150 Kalorien, ein Latte Macchiato etwa 300 Kalorien. Darum können Sie sich an diesen bunten Beilagen auch ohne schlechtes Gewissen richtig satt essen. Zusammen mit farbenfrohem Obst und Zitrusfrüchten ist Gemüse aber nicht nur gut für unsere Figur, sondern leistet noch viel mehr für unsere Gesundheit. Grüne, orange und rote Gemüsesorten versorgen uns beispielsweise mit Carotinoiden. Werden diese in unserem Körper in Vitamin A umgewandelt, schützen sie unter anderem unsere Augen und uns im Winter vor Infektionen. Zitrusfrüchte wiederum sind so randvoll mit Vitamin C, dass schon eine Grapefruit oder eineinhalb Orangen ausreichen, um unseren Tagesbedarf zu decken und damit den Aufbau von Bindegeweben, Knochen und Zähnen zu unterstützen. Auch die kleinen Beeren, wie Erdbeeren, sind wahre Kraftpakete: Sie enthalten neben Folsäure, Eisen, Ballaststoffen viele Flavonoide, ein sekundärer Pflanzenstoff der unsere Zellen vor schädlichen Sauerstoffradikalen schützen kann. Bohnen, Linsen und Erbsen gehören zu den Hülsenfrüchten und sind tolle Eiweißlieferanten für unsere Muskeln. Unserem Darm tun vor allem Vollkornprodukte viel Gutes. Denn Gebäck und Nudeln aus Vollkornmehl oder auch Vollkornreis und Haferflocken enthalten viele Ballaststoffe, die in Kombination mit ausreichend Wasser unsere Verdauung in Schwung bringen. Das ist nur eine kleine Auswahl an tollen Wirkungen, die Lebensmittel auf unsere Gesundheit haben. Aber bestimmt können Sie auch jetzt schon erkennen, warum uns soviel daran gelegen ist in diesem Buch mit vielen frischen und möglichst unverarbeiteten Produkten zu kochen. Probieren Sie es aus! Sie werden sehen, wie schnell Sie eine Veränderung bemerken und sich rundum wohler und gesünder fühlen.

Wissen was drin steckt

Auch wenn wir uns beim Einkauf bemühen, nur Gesundes in unseren Wagen zu legen, tappen wir ohne es zu ahnen immer wieder in Fallen. Denn allzu oft locken uns schön verpackte Produkte durch verheißungsvolle Aufschriften wie »Light«, »Diät«, »fettfrei«, »reich an Vitamin C« oder »stärkt das Immunsystem«. Das hört sich doch gesund an! Schaut man dann genauer hin, ist die Enttäuschung oft groß. Vor allem, wenn man bemerkt, dass beispielsweise bei einem »Light«-Joghurt mit 30 Prozent weniger Fett, der fehlende Geschmack mit Zucker kompensiert wird. Kalorien werden hier also nur wenig gespart. Aber auch altbekannte Lebensmittel, die Sie alle gut zu kennen glauben, haben ihre Tücken. So sieht man vielen Wurst- und Käsesorten gar nicht an, wie viel Fett sie enthalten. Eine feine Leberwurst erscheint uns zum

Beispiel mager, da offensichtlich keine Fettstücke zu sehen sind. Das ist aber nur so, weil das Fett bei der Herstellung so zerkleinert wurde, dass es für uns nicht mehr sichtbar ist. Greifen Sie deshalb besser zu Aufschnitt aus kaltem Braten, Putenbrust, gekochten oder geräucherten Schinken, da man hier noch erkennen kann aus was die Wurst hergestellt wurde. Bei Käse verrät uns die Aufschrift »Fett i. Tr.« (Fett in Trockenmasse) was wirklich drin steckt. Das ist der Anteil an Fett der übrig bleibt, wenn dem Käse alles Wasser entzogen wird. Multipliziert man die Prozentzahl bei Frischkäse mit 0,3, bei Weichkäse mit 0,5, bei Schnittkäse mit 0,6 und bei Hartkäse mit 0,7 erhalten Sie den absoluten Fettgehalt der jeweiligen Käsesorte. Dieser wird, je trockener die Käsesorte ist, immer höher, da der Wasseranteil abnimmt.

Was heißt was?

Alle reden von Bio, Öko, Regionalität und fairem Handel, wenn es um das Thema gesunde Ernährung geht. Zusätzlich gibt es Dutzende von Siegeln auf unseren Lebensmitteln, die uns bei der Auswahl unseres Essens behilflich sein sollen. Aber ist alles, was diese Begriffe und Auszeichnungen trägt, automatisch gesund? Hier kommen die wichtigsten Fakten für Sie:

Bio – was heißt das?

Der ökologische Landbau ist eine Wirtschaftsform, deren Wurzeln weit in die Anfänge des letzten Jahrhunderts zurückreichen und der gerade in den vergangenen Jahren einen wahren Boom erlebt hat. Wenn wir indirekt von ökologischem Landbau sprechen, sagen wir »Bio« oder »Öko«. Was sich aber wirklich hinter diesen Begriffen verbirgt, lässt sich meist schwer in Worte fassen. Im Grunde steckt dahinter die Philosophie, im Einklang mit der Natur zu wirtschaften. Vereinfacht bedeutet das für einen Bauern der nach diesem Kerngedanken arbeitet, seinem Vieh nur Pflanzen zu verfüttern, die er auch selbst erzeugt hat. Außerdem kommt deren Mist samt Kompost als organischer Dünger für die Pflanzen aufs Feld oder in den Garten. Der ökologische Landbau ist also eine Kreislaufwirtschaft die besonders auf Nachhaltigkeit ausgelegt ist. Dadurch steht sie zum einen für eine artgerechte Tierhaltung, bei der unter anderem keine Käfighaltung oder gentechnisch veränderte Futtermittel und nur in Notfällen Medikamente, wie Antibiotika, erlaubt sind. Zum anderen werden der Boden, das Wasser und die Luft geschützt, da die Verwendung von chemischen Pestiziden und mineralischen Düngern untersagt ist. Nahe an der Natur bleibt auch die Weiterverarbeitung der Erzeugnisse zu Bioprodukten. Es dürfen kaum Zusatzstoffe zugesetzt werden und auch die Bestrahlung von Lebensmitteln ist verboten. Zu erkennen sind alle Bioprodukte an dem staatlichen Bio-Siegel oder seit 1. Juli 2010 auch an dem neuen EU-Bio-Logo (s. Seite 14/15).

Ist Bio gesünder?

Bio und gesund. Beide Begriffe werden oft durcheinander gebracht und sind scheinbar austauschbar. Im Juni 2010 zog Stiftung Warentest Bilanz: Ein Resümee aus mehr als 80 Lebensmitteltests zeigte, dass Bioprodukte nicht unbedingt gesünder sind als konventionell hergestellte Lebensmittel. Beim Vergleich gesunder Inhaltsstoffe (z. B. sekundäre Pflanzenstoffe) von Produkten ökologischer und konventioneller Herkunft konnte kein Unterschied festgestellt werden. Und auch auf der Zunge konnten Bioprodukte nicht mit einem besseren Geschmack überzeugen. Unumstrittener Gewinner ist Bio aber bei der Pestizidbelastung (Pflanzenschutzmittel), die hier so gut wie gar nicht mehr vorkommt. Außerdem können alle Käufer von Bio-Lebensmitteln sicher sein, für die nachhaltige Landwirtschaft und damit auch für ihre Gesundheit etwas Gutes getan zu haben.

Regional geschützte Produkte

Es gibt nur 75 regional geschützte Lebensmittel in ganz Deutschland. Alle sind deutsche Spezialitäten, die damit davor geschützt sind, in der EU nachgeahmt zu werden. Bevor Produkte, wie zum Beispiel der Schwarzwälder Schinken, der Dresdner Christstollen, das Kölsch oder die Spreewaldgurke, vor der Gefahr der Duplikation bewahrt werden, müssen sie strenge Kriterien erfüllen. Ist das geschafft, werden sie mit dem Siegel geschützter geografischer Herkunft ausgezeichnet (s. Seite 14/15).

1 Der Schwarzwälder Schinken und die Spreewaldgurke sind vor Dubletten geschützt.

2 Für Kaffee- und Kakaobohnen aus fairem Handel werden Bauern gerecht entlohnt.

Regional geschützte Produkte sind nicht zu verwechseln mit Produkten aus der Region, die aus der näheren Umgebung eines Standortes kommen und dadurch kürzere Transportwege haben. Dies wirkt sich günstig auf die Frische der Lebensmittel aus und es wird weniger Kraftstoff für den Transport verbraucht.

Fair gehandelte Produkte

»Fairer Handel« oder »Fairtrade« gibt es seit 1967. Er basiert auf dem Gedanken, Bauern in Entwicklungsländern faire Löhne für ihre Erzeugnisse zu bezahlen. Oft sind das Produkte aus der Dritten Welt, wie zum Beispiel Kaffee, Tee, Kakao, Bananen und Zucker. Die Preise dafür schwanken stark und sind oft so niedrig, dass den Arbeitern davon kaum etwas zum Leben übrig bleibt. Beim Kauf von Lebensmitteln die mit dem Fairtrade-Siegel (s. Seite 14/15) gekennzeichnet sind, ist den Erzeugern aber ein Mindestpreis und eine zusätzliche Fairtrade-Prämie garantiert. Diese und weitere erzeugerfreundliche Standards werden von dem Dachverband FLO (Fairtrade Labelling Organizations International) festgelegt. Das Fairtrade-Siegel ist in erster Linie ein Sozialsiegel und kein Umweltsiegel. Dennoch wird mit den Umweltkriterien in den Fairtrade-Standards das Ziel verfolgt, sämtliche landwirtschaftliche Fairtrade-Produkte ressourcenschonend und umweltverträglich anzubauen.

Qualitätssiegel

Siegel nach EU-Öko-Verordnung

Das staatliche Bio-Siegel

Die »Bio-Wabe« gibt es seit 2001 und signalisiert als staatliches, verbandsunabhängiges Erkennungszeichen auf einen Blick: Wo »Bio« drauf steht, ist »Bio« drin! Denn das Bio-Siegel garantiert die Einhaltung von Mindeststandards nach den EG-Rechtsvorschriften für den ökologischen Landbau. Dazu gehört zum Beispiel, dass mindestens 95 Prozent der Zutaten landwirtschaftlichen Ursprungs nach den Standards für den ökologischen Landbau erzeugt, verarbeitet und kontrolliert werden. Deshalb sind die Begriffe »Bio«, »Öko« »(kontrolliert) biologisch«, »(kontrolliert) ökologisch«, »ökologischer Landbau« auf

Verpackungen geschützt und dürfen nur auf Lebensmitteln stehen, die sich dem Öko-Kontrollsystem unterziehen. Darum Vorsicht bei Verpackungsaufdrucken wie »unbehandelt«, »naturnah«, »kontrolliert«, »aus kontrolliertem Vertragsanbau« oder »umweltschonend«. Solche Kennzeichnungen täuschen Bioqualität meist nur vor. Eine zusätzliche Kontrolle zum Siegel bietet die Codenummer der zuständigen Öko-Kontrollstelle. Sie lautet DE-000-Öko-Kontrollstelle. Dabei stehen » DE« für Deutschland und »000« für die Kennziffer der Kontrollstelle oder ab dem 1. Juli 2010 DE-ÖKO-000. Beide Formen sind zur Zeit möglich.

EU-Bio-Logo

Das neue blattförmige grüne EU-Öko-Siegel ist seit dem 1. Juli 2010 das verpflichtende Siegel für alle in Europa hergestellten und verpackten Bioprodukte in

der Europäischen Union. Das staatliche Bio-Siegel und auch die Siegel der Anbauverbände wie z. B. Bioland, Demeter, Naturland können zusätzlich für die Etikettierung genutzt werden.

Siegel der deutschen Bio-Anbauverbände

Zusätzlich zum staatlichen Bio-Siegel und dem neuen EU-Bio-Logo können Hersteller ihre Produkte mit einem Zeichen privater Bio-Verbände kennzeichnen. Ihre Kriterien sind strenger als die der EU-Öko-Verordnung. Etwa 70 Prozent aller Biobauern wirtschaften nach den Kriterien eines solchen Verbandes.

Bioland

Mit über 5.200 landwirtschaftlichen Betrieben ist Bioland der größte Anbauverband in Deutschland. Die Betriebe arbeiten ressourcenschonend im Nährstoffkreislauf der Natur und betreiben mit ihrer Wirtschaftsweise aktiven Natur- und Tierschutz.

Demeter

Dieser Anbauverband basiert auf dem Grundgedanken der biologisch-dynamischen Landwirtschaft. Diese Form der Landwirtschaft strebt eine gemeinsame Entwicklung von Mensch und Erde an und möchte ökologische, soziale und wirtschaftliche Aspekte vereinen. Das Siegel besteht bereits seit 1928.

Naturland

Der Verband fördert den Ökologischen Landbau weltweit und ist mit über 55.000 Bauern und 500 Herstellern einer der größten ökologischen Anbauverbände.

Naturland ist auch in den Bereichen ökologische Aquakultur, nachhaltige Fischerei, ökologische Waldnutzung, Öko-Textilien und Öko-Kosmetik aktiv. Seit Anfang 2010 können sich Naturland Partner zusätzlich Naturland Fair zertifizieren lassen. Für den Verband gehören Öko-Kompetenz und soziale Verantwortung unbedingt zusammen.

Spezielle Siegel

MSC (Marine Stewardship Council)

MSC ist eine internationale und unabhängige Organisation, die seit über zehn Jahren ihr blaues Umweltsiegel an nachhaltig arbeitende Fischereien vergibt. Dieses Siegel garantiert, dass Bestände von Fisch und Meeresfrüchten nicht überfischt werden und der Fang mit verträglichen Methoden geschieht.

Wer also Fisch mit dem MSC-Siegel kauft, belohnt verantwortungsvolle Fischfangpraktiken und trägt zu gesunden Lebensräumen in Meer und Frischwasser bei. Mittlerweile gibt es auch von der Umweltstiftung wwf (World Wide Fund for Nature) einen Einkaufsführer der zeigt, welche Fischsorten unbedenklich verzehrt werden können und auf welche Arten besser verzichtet werden soll. Auch Verbände wie Naturland und Bioland haben sehr strenge Vorschriften für die Aquakultur. Naturland ist führend bei der Zertifizierung von Biofisch aus Aquakultur und hat sein Siegel für elf Fischarten vergeben. Es steht für niedrige Besatzdichte und den Verzicht auf Gentechnik und Hormone. Bioland dagegen zertifiziert nur Friedfische. Diese Fische ernähren sich nicht von anderen Fischen, so dass kein tierisches Eiweiß, z. B. aus Fischmehl, zugefüttert werden muss.

Regional geschützte Lebensmittel

Geschützte Ursprungsbezeichnung (g.U.)

Produkte, die dieses rot-gelbe Zeichen für eine geschützte Ursprungsbezeichnung tragen, sind in einem bestimmten geografischen Gebiet erzeugt und nach einem anerkannten und festgelegten Verfahren auch dort verarbeitet worden. Das alte Siegel in blau-gelb ist auch noch bis mindestens Ende 2010 im Umlauf.

Geschützte geografische Angabe (g.g.A.)

Beim Siegel für geschützte geografische Angabe muss eine enge Verbindung der Erzeugnisse mit dem Herkunftsgebiet bestehen. Dazu muss mindestens eine Produktionsstufe auch dort stattfinden – entweder Erzeugung, Verarbeitung oder Herstellung.

Faire Produkte

Fairtrade-Siegel

Das Fairtrade-Siegel garantiert, dass Bauern in der Dritten Welt an Fairtrade-Mindestpreisen und Fairtrade-Prämien für Ihre Erzeugnisse profitieren (s. Seite 13). Es ist in diesem Zusammenhang das am häufigsten verwendete Siegel und wird bei uns von dem gemeinnützigen Verein TransFair in Köln vergeben.

Entdeckungsreise mit Genuss

Alle Genussrezepte in diesem Buch sind optimal auf zwei Personen abgestimmt. Dasselbe gilt leider nur für wenige Lebensmittel. Beim Einkauf locken große Familienpackungen mit kleinen Preisen und verleiten uns, größere Portionen als nötig zu essen. Darauf können Sie ab jetzt verzichten, denn die gesunde Küche für zwei hat viel zu bieten.

Schöner einkaufen

Wer nur für zwei kocht, für den sind schon die Besorgungen dafür ein wahrer Genuss! Sie können sich auch mal etwas gönnen und zum Biofleisch, frischen Kräutersträußen und fangfrischem Fisch greifen. Denn für zwei Portionen sind auch solche Lebensmittel erschwinglich und Sie werden durch Frische, gute Qualität und einem tollen Geschmack belohnt. Wer kleinere Portionen einkauft, trägt auch nicht so schwer. Nutzen Sie diese Gelegenheit um nicht alles im Supermarkt zu kaufen, sondern machen Sie einen Abstecher zum Metzger, Fischhändler, dem Hofladen, Biomarkt oder dem Wochenmarkt und lassen sich dort von den frischen, saisonalen Angeboten inspirieren. Besuchen Sie türkische, indische oder asiatische Läden in Ihrer Nähe und entdecken Sie die bunte Lebensmittelvielfalt, die Sie dort finden können.

Oft lassen andere Verpflichtungen aber keine Zeit für den täglichen Einkauf. Doch auch dann müssen Sie nicht auf gesunde Frische verzichten! In vielen Orten gibt es die Möglichkeit, sich eine »Biokiste« mit Obst und Gemüse nach Hause oder ins Büro liefern zu lassen (s. Adressen Seite 142). Wem das nicht genug ist, kann seine Kiste außerdem noch mit vielen weiteren regionalen Leckereien wie Milchprodukten, Brot und Wurst aufstocken. Das alles geht meist ganz einfach über einen Online-Shop. Dort kann sich jeder seine Kiste ganz individuell zusammenstellen und häufig auch einen Wunschtag für die Lieferung festlegen. Das spart Zeit und Sie sind immer mit vielen gesunden und natürlichen Lebensmitteln versorgt.

Einfach gut haushalten

Haben Sie schon mal darauf geachtet? Viele Lebensmittel, besonders einige Gemüsesorten, scheinen für zwei wie gemacht zu sein. Sie haben genau die richtige Größe und das Gewicht um zwei Personen satt zu machen. So entstehen wenige Reste, die sonst im Kühlschrank vergessen werden. Wenn alles gleich aufgegessen wird, können Sie zudem auch viel öfter etwas Neues ausprobieren. Zwei Personen essen ca. 600 g ungeputztes Gemüse als Beilage. Dieses Gewicht haben z. B. eine große Salatgurke, ein großer Salatkopf, 2 Zucchini, 1 große Aubergine, 1 kleiner Blumenkohl und so weiter. Im Gegensatz zu der doppelten Menge Gemüse für vier Personen lässt sich diese Menge mit links putzen, waschen und schneiden.

Offen für Neues

Die Auswahl an Lebensmitteln und die technischen Möglichkeiten in der Ernährungsindustrie waren noch nie so groß wie heute. Natürlich zählt dazu auch das große Angebot an Fertigprodukten. Doch in der Küche für zwei stehen einem so viele Möglichkeiten offen, dass man davon nur selten Gebrauch machen muss. Außerdem hat das Kochen mit möglichst unbehandelten und naturbelassenen Produkten wieder Renaissance. Dieser Gedanke der »Vollwertküche«, der seinen Ursprung schon in den 60er Jahren hat, ist auch heute noch aktuell, denn wichtige Themen wie Naturbelassenheit, Nachhaltigkeit, Bio und Regionalität finden sich schon in den Prinzipien der Vollwertbewegung. Werden Sie also »Trendsetter« und probieren

Sie zum Beispiel auch mal Produkte aus Vollkorn. Dabei wird das Getreide nur geringfügig bearbeitet, wodurch einerseits viele gesundheitsfördernde Eigenschaften (s. Seite 36) erhalten bleiben und die Lebensmittel andererseits einen tollen herzhaften, nussigen Geschmack bekommen. Auch fast vergessene Lebensmittel sind wieder im Kommen. Alte Gemüsesorten wie Pastinaken, Schwarzwurzeln, Mairübchen, Mangold oder Petersilienwurzeln aber auch Wildkräuter und Hülsenfrüchte waren für viele Jahre fast aus unserem Speiseplan verschwunden. Dabei trumpfen sie alle mit Geschmack und vielen Vitaminen und Mineralstoffen auf. Eine tolle Gelegenheit sich in der Gemüseabteilung neu zu orientieren.

Lust auf Neues

Wer einkaufen geht, kann viel entdecken. Nehmen Sie das große Angebot an natürlichen Lebensmitteln wahr und probieren Sie Neues aus. So lebt es sich ganz automatisch abwechslungsreicher und damit gesünder. Im Folgenden geben wir Ihnen Anregungen für Produkte, die neben einem tollen Geschmack auch mit vielen wertvollen Inhaltsstoffen punkten.

Ajvar

In ganz Südosteuropa ist diese rote Würzpaste verbreitet. Sie wird aus Paprika, Auberginen und verschiedenen Gewürzen hergestellt. Die aromatische Paste schmeckt als Brotaufstrich, zu Fleisch, gegrilltem Gemüse, Mozzarella und Frischkäse. Außerdem eignet sie sich hervorragend zum Verfeinern von Saucen.

Apfeldicksaft

Dieses hochwertige Süßungsmittel wird aus vollreifen Bio-Äpfeln hergestellt. Das Aroma ist fein-fruchtig und sehr aromatisch. Apfeldicksaft hat die gleiche Süßkraft wie Zucker und man kann ihn ebenso wie Honig einsetzen. Besonders lecker zu Obstsalat, Joghurt, Quark und zur Verfeinerung von Salatdressings.

Chorizo

Diese kräftige spanische Paprikawurst hat es mittlerweile auch in hiesige Supermärkte geschafft. Sie wird aus Schweinefleisch hergestellt und hat ein kräftiges, sehr pikantes Aroma. Die Spanier essen sie gern als Tapas und in der Paella. Sehr lecker schmeckt sie aber auch mit Paprika und Kartoffeln langsam in Apfelwein geschmort.

Couscous

Ist ein klassischer Bestandteil der nordafrikanischen Küche. Er wird aus Weizen, Gerste oder Hirse hergestellt. Die Instant-Version ist bereits in nur 5 Minuten verzehrfertig (s. Rezept S. 77) und damit besonders für die schnelle Küche geeignet. Mit Tomaten- und Salatgurkenwürfeln, gehackter Petersilie, Schafskäse und Olivenöl verfeinert wird daraus ein gesunder Blitzsalat. Couscous eignet sich auch sehr gut als Beilage zu Fleisch- und Fischgerichten.

Cranberrys

Klein aber oho! Die ursprünglich aus den USA stammenden roten Früchte sind unseren Preiselbeeren von Geschmack und Aussehen ähnlich. Im Gegensatz zu ihren heimischen Verwandten haben sie aber einen höheren Gehalt an Antioxidantien, die vor Krebs schützen sollen. Bei uns gibt es Cranberrys vorwiegend als Trockenfrüchte zu kaufen. Getrocknet eignen sich die süßen Früchtchen als originelle Backzutat in Kuchen, Muffins und Keksen. Aber auch im Müsli oder Obstsalat sind sie eine tolle Ergänzung. Achten Sie darauf ungeschwefelte Trockenfrüchte zu kaufen, sie haben mehr Aroma. Als rohe Früchte können sie zu süßen oder pikanten Fruchtsaucen verkocht werden, die hervorragend zu Pudding, Grießbrei oder dunklem Fleisch schmecken.

Ingwer

Die helle, glänzende, saftige Knolle der Ingwerpflanze ist eine typische Zutat der asiatischen Küche und wird mittlerweile fast überall angeboten. Ihr fruchtig scharfer Geschmack gibt vielen Gerichten ein wunderbares Aroma. Ingwer hat aber auch viele gesundheitsfördernde Eigenschaften. Seine Inhaltstoffe helfen bei Erkältungskrankheiten, Husten, Übelkeit und Verdauungsbeschwerden.

Koriander

In Europa werden vor allem die gemahlenen Samen der Korianderpflanze zum Würzen von Brot- und Weihnachtsgebäck geschätzt. Außerdem sind sie Bestandteil vieler Gewürzmischungen

wie Currypulver und Lebkuchengewürz. Die Verwendung von frischem Koriander stammt aus der asiatischen und orientalischen Küche. Die frischen Blättchen und Stiele haben einen einzigartigen süßlich, pfeffrigen Geschmack. Frisch gehackt ist das Kraut ein interessantes Geschmackserlebnis zu Currys, in Chutneys und Saucen.

Manchego

Dieser spanische Käse kommt aus dem kastilischen Hochland Spaniens und wird dort aus der Milch der Manchegoschafe hergestellt. Er hat einen ausgeprägten würzigen, fein säuerlichen Geschmack. Manchego passt wunderbar zu Sherry, Oliven, frischen Feigen und dunklen Trauben.

Rapsöl

Das hochwertige Öl ist genau das Richtige für eine ausgewogene Ernährung. Es zeichnet sich durch die besonders günstige Zusammensetzung seiner Bestandteile, den Fettsäuren, aus. Die viel enthaltene Ölsäure, hat eine nachgewiesene positive Wirkung auf den Cholesterinspiegel. Rapsöl gibt es in der kalt gepressten Version, die sich durch ihren intensiven Geschmack besonders für Salate eignet. Als raffiniertes Öl wird es zum Braten und Frittieren verwendet.

Ricotta

Italiener können ohne ihren Ricotta nicht leben. Kein Wunder, denn dieses quarkähnliche Produkt ist vielseitig einsetzbar: Ob klassisch mit Spinat als Nudelfüllung, eiskalt als Dessert mit Früchten oder als charmante Unterlage von Konfitüre oder Honig auf dem Frühstücksbrötchen. In der Käsetheke gibt es auch Ricotta »secca« – die gereifte und getrocknete Variante zum Reiben.

Linsen

Linsen haben ihr »Comeback« und machen dabei auf dem Teller eine schöne Figur. Es gibt sie als elegante schwarze Beluga- oder Kaviarlinsen, bräunliche Château-Linsen aus der

Champagne, delikate dunkelgrüne Puy-Linsen oder farbenfrohe rote Linsen. Sie alle sind ganz einfach in der Zubereitung, da sie nicht eingeweicht werden müssen und schon in 15–30 Minuten gar sind. Wichtig ist nur, die Hülsenfrüchte erst kurz vor Kochende zu salzen, da sie sonst nicht weich werden.

Seitan

Das vegetarische Produkt besteht aus Weizeneiweiß und wird meist schon mariniert angeboten. Aber auch als fertige Bratwürstchen oder Bratlinge gibt es ihn zu kaufen. Seitan schmeckt angenehm würzig und hat eine fleischartige Konsistenz. Er enthält reichlich Eiweiß, kaum Fett und Cholesterin. Für Menschen mit einer Glutenunverträglichkeit ist er nicht geeignet.

Wildkräuter

Löwenzahn, Sauerampfer, Gundermann und Gänseblümchen sind momentan in aller Munde! Nicht nur ihr besonderer Geschmack ist beliebt, auch die gesunden Inhaltstoffe der wilden Pflan-

zen. Möglichst junge zarte Blättchen verwenden und rasch verbrauchen. Bezugsadressen siehe Seite 142.

Saisonkalender

GEMÜSE UND SALATE

The following seasonal calendar shows availability across the months (Jan., Febr., März, April, Mai, Juni, Juli, Aug., Sept., Okt., Nov., Dez.).

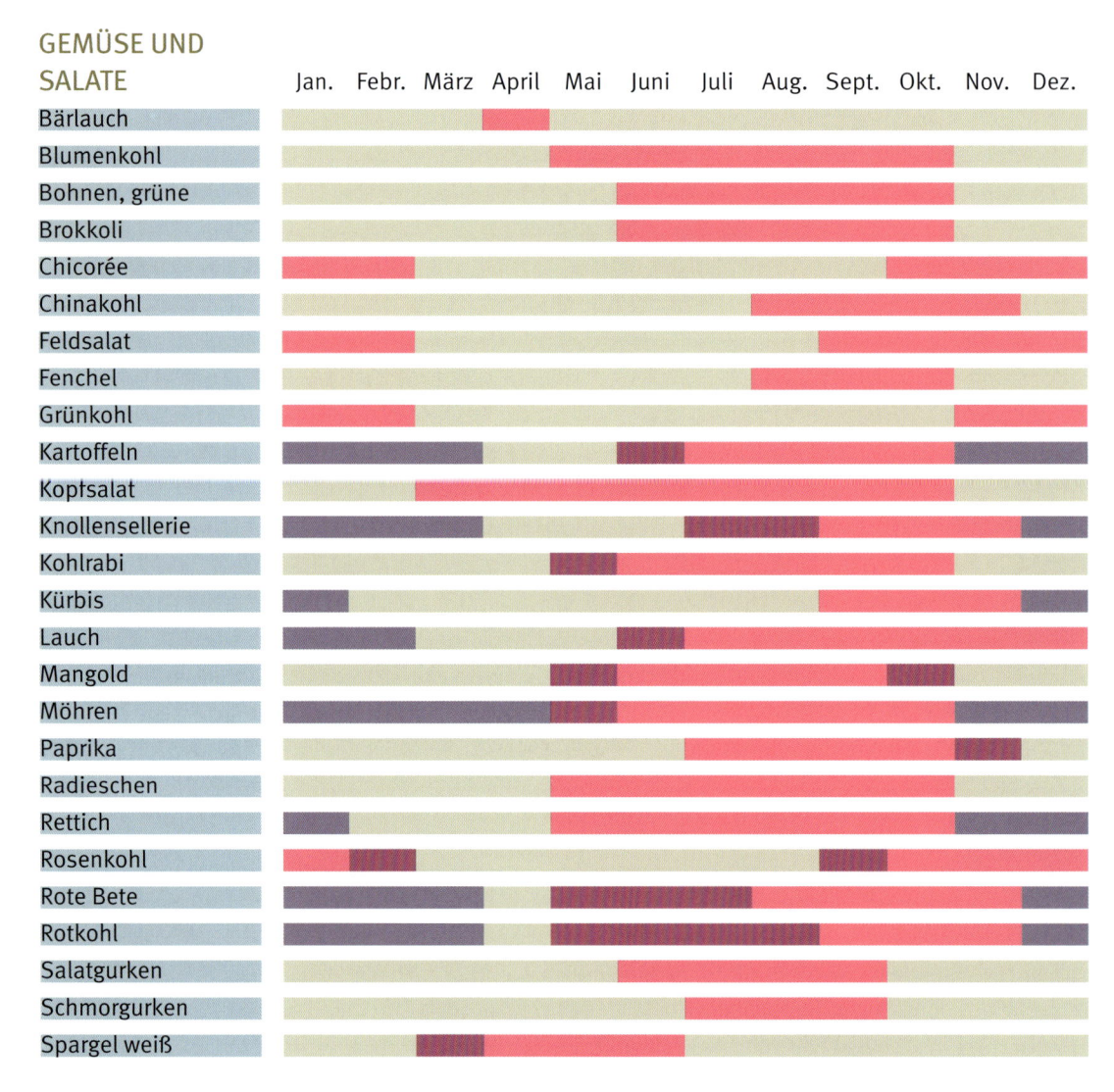

GEMÜSE UND SALATE	Jan.	Febr.	März	April	Mai	Juni	Juli	Aug.	Sept.	Okt.	Nov.	Dez.
Bärlauch				■								
Blumenkohl					■	■	■	■	■			
Bohnen, grüne						■	■	■	■			
Brokkoli						■	■	■	■			
Chicorée	■	■								■	■	■
Chinakohl								■	■	■		
Feldsalat	■	■							■	■	■	■
Fenchel								■	■	■		
Grünkohl	■	■									■	■
Kartoffeln	■	■	■	■	▨	■	■	■	■	■	■	■
Kopfsalat			■	■	■	■	■	■	■	■		
Knollensellerie	■	■	■				▨	▨	■	■	■	■
Kohlrabi				▨	■	■	■	■	■	■		
Kürbis	■	■							■	■	■	■
Lauch	■	■	■				▨	■	■	■	■	■
Mangold				▨	■	■	■	■	■	▨		
Möhren	■	■	■	■	▨	■	■	■	■	■	■	■
Paprika								■	■	■	▨	
Radieschen				■	■	■	■	■	■	■		
Rettich	■			■	■	■	■	■	■	■	■	■
Rosenkohl	■	▨							▨	■	■	■
Rote Bete	■	■	■			▨	▨	▨	■	■	■	■
Rotkohl	■	■	■			▨	▨	▨	▨	■	■	■
Salatgurken						■	■	■	■			
Schmorgurken							■	■	■			
Spargel weiß		▨	▨	■	■	■						

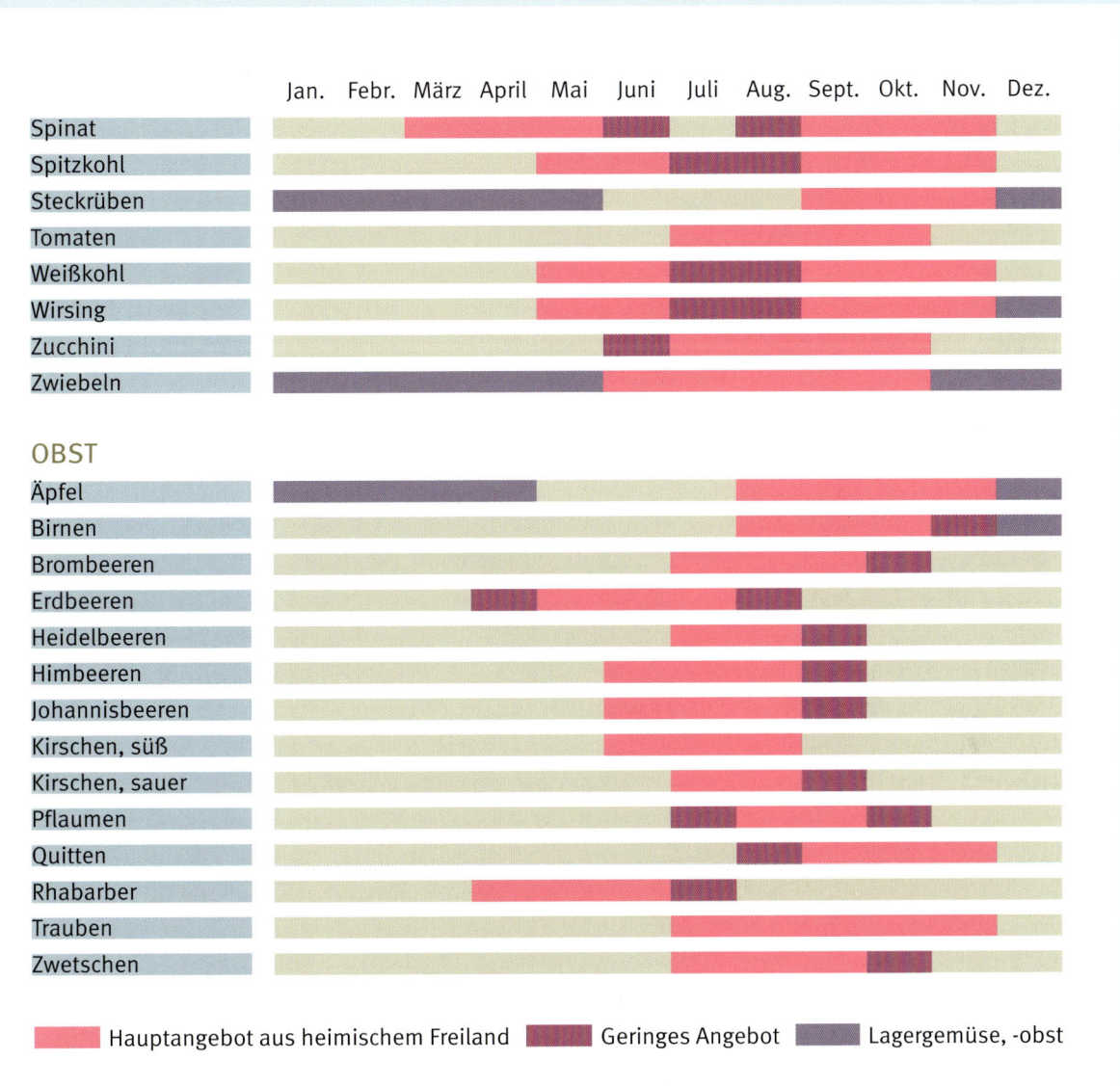

	Jan.	Febr.	März	April	Mai	Juni	Juli	Aug.	Sept.	Okt.	Nov.	Dez.
Spinat												
Spitzkohl												
Steckrüben												
Tomaten												
Weißkohl												
Wirsing												
Zucchini												
Zwiebeln												

OBST

	Jan.	Febr.	März	April	Mai	Juni	Juli	Aug.	Sept.	Okt.	Nov.	Dez.
Äpfel												
Birnen												
Brombeeren												
Erdbeeren												
Heidelbeeren												
Himbeeren												
Johannisbeeren												
Kirschen, süß												
Kirschen, sauer												
Pflaumen												
Quitten												
Rhabarber												
Trauben												
Zwetschen												

Hauptangebot aus heimischem Freiland   Geringes Angebot   Lagergemüse, -obst

GESUNDER START IN DEN TAG

Beginnen Sie den Tag in Ruhe und ohne Hektik – nehmen Sie sich Zeit, Ihr Frühstück zu genießen. Denn wer den ersten Appetit am Morgen befriedigt, hat später am Tag weniger Heißhunger. Ob Sie ein knuspriges Müsli lieben oder doch der herzhafte Typ sind, ist dabei nicht wichtig. Frühstücksmuffel sollten wenigstens etwas trinken. Ein großer Milchkaffee, ein Smoothie oder ein Glas Fruchtsaft sind da ideal.

4 müslis

1 nussmüsli mit zimtmandeln

Zubereitung: 15 Min.
Pro Portion: ca. 480 kcal, 17 g EW, 24 g F, 49 g KH
2 EL Cashewnüsse | 2 EL Haselnusskerne | 3 EL
ungeschälte Mandelkerne | 2 TL brauner Zucker |
½ TL gemahlener Zimt | 5 EL kernige Haferflocken |
5 EL ungezuckerte Cornflakes | 1 großer Apfel |
400 ml Milch (1,5% Fett)

Cashewnüsse und Haselnusskerne grob hacken und
in einer Pfanne ohne Fett rösten. Herausnehmen.
Auskühlen lassen. Mandeln in der noch heißen Pfanne rösten, Zucker darüber streuen und schmelzen lassen. Zimt darüber stäuben und die Mandeln mit einem Holzlöffel wenden, bis der Zucker goldbraun
karamelliert ist. Auf ein Stück Alufolie geben und auskühlen lassen. Haferflocken und Cornflakes in Müslischalen verteilen. Apfel waschen, vierteln und entkernen. Fruchtfleisch in Stifte schneiden und auf den
Flocken verteilen. Nüsse und Zimtmandeln darüber
geben. Milch dazugießen und sofort servieren.

2 tropisches müsli

Zubereitung: 10 Min.
Pro Portion: ca. 440 kcal, 12 g EW, 11 g F, 73 g KH
300 g Naturjoghurt (1,5% Fett) | 50 g getrocknete
Datteln | 20 g kandierter Ingwer | 30 g Bananen-
chips | 2 EL Kokoschips | 6 EL Haferflocken oder
Buchweizenflocken | 1 Banane | 4 EL Milch (nach
Belieben)

Joghurt auf zwei Müslischalen verteilen. Datteln wenn
nötig entsteinen und in Scheiben schneiden. Ingwer
fein würfeln. Bananenchips grob hacken. Kokoschips,
Haferflocken oder Buchweizenflocken, Datteln, Ingwer
und Bananenchips mischen und auf dem Joghurt verteilen. Banane schälen, in Scheiben schneiden und zu
dem Müsli geben. Ist das Müsli zu fest, kann nach Belieben noch etwas Milch untergerührt werden.

3 schoko-crunchy-müsli

Zubereitung: 15 Min. | Trocknen: 1 Std.
Pro Portion: ca. 410 kcal, 14 g EW, 15 g F, 57 g KH
50 g Zartbitter-Schokolade | 60 g ungezuckerte
Cornflakes | 5 getrocknete Aprikosen | 200 g Som-
merbeeren (z. B. Erdbeeren, Brombeeren oder
Himbeeren) | 4 EL Weizenpops | 400 ml Milch
(1,5% Fett)

Schokolade hacken und bei geringer Hitze in einer
Pfanne schmelzen lassen. Cornflakes zugeben und
sorgfältig in der Schokolade wenden. Auf einem Stück
Alufolie verteilen und ca. 1 Std. trocknen lassen. Aprikosen fein würfeln. Beeren putzen, waschen und trocken tupfen oder verlesen und bei Bedarf kleiner
schneiden. Schokoflakes, Weizenpops, Aprikosen und
Beeren in zwei Müslischalen geben. Milch darüber
gießen und sofort servieren.

4 haferbrei mit trauben

Zubereitung: 15 Min.
Pro Portion: ca. 220 kcal, 11 g EW, 8 g F, 51 g KH
1/2 Vanilleschote | 80 g kernige Haferlocken |
300 ml Vollmilch | 1 Prise Salz | 150 g blaue Trau-
ben | 1 EL flüssiger Honig

Vanilleschote mit einem Messer längs aufritzen und
das Mark mit dem Messerrücken herauskratzen.
Haferflocken, Milch, Vanilleschote, Vanillemark und
Salz unter Rühren aufkochen. Bei mittlerer Hitze ca.
5 Min. köcheln lassen. Zwischendurch umrühren.
Trauben waschen, halbieren und nach Bedarf entkernen. Brei vom Herd nehmen, Vanilleschote entfernen
und Honig unterrühren. Den Haferbrei mit Trauben
anrichten.

Hafer hat es in sich: er enthält reichlich B-Vitamine (zum Beispiel B_1, B_2 und Niacin) und die Mineralstoffe Zink, Eisen, Kalzium und Kalium. Außerdem
besitzt Hafer einen besonders hohen Eiweißanteil
(14%) und jede Menge ungesättigte Fettsäuren, die
den Blutfettspiegel positiv beeinflussen können.

WARMER HIRSEBREI MIT HIMBEEREN

hirse

Diese kleinen Körner werden auch Schönheitskorn genannt, da ihr hoher Anteil an Kieselsäure wertvoll für Haut und Haare ist. Des Weiteren enthalten sie reichlich pflanzliches Eiweiß, Eisen und ungesättigte Fettsäuren. Damit das Eisen vom Körper besser aufgenommen wird, sollten Hirsegerichte mit Obst oder Gemüse zubereitet werden. Übrigens, für Menschen mit Getreideallergien ist Hirse eine sehr gute Alternative, da sie nicht das Klebereiweiß Gluten enthält.

BIRCHER MÜSLI MIT MOLKE

warmer hirsebrei mit himbeeren

ZIMT MACHT'S BESONDERS LECKER

400 ml Vollmilch
125 g Hirse
½ Päckchen Vanillinzucker
1–2 TL brauner Zucker
100 g Himbeeren
2 EL Vollmilchjoghurt
1 Msp. gemahlener Zimt
Zubereitung: 25 Min.
Pro Portion: ca. 405 kcal, 14 g EW, 10 g F, 63 g KH

1   Milch, Hirse, Vanillinzucker und Zucker in einen Topf geben und unter Rühren aufkochen. Bei mittlerer Hitze 10–12 Min. köcheln lassen, dabei immer wieder umrühren. Vom Herd nehmen und ca. 10 Min. quellen lassen. Ab und zu umrühren.

2   Himbeeren verlesen und eventuell waschen. Vollmilchjoghurt und Zimt unter den Hirsebrei rühren. Himbeeren vorsichtig unterheben.

variante Der Hirsebrei lässt sich mit vielen Früchten der Saison zubereiten. Je nach Süße der Früchte sollte dann die Zuckermenge angepasst werden. Im Frühling schmeckt er mit Erdbeeren, im Sommer mit Kirschen, Pfirsichen und Beeren. Im Herbst mit Äpfeln, Birnen und Pflaumen. Im Winter weckt ein Fruchtkompott die Erinnerung an wärmere Tage.

tipp Bereiten Sie die Hirse doch mal herzhaft zu. Dafür einfach anstelle der Milch die gleiche Menge Gemüsebrühe verwenden und den Vanillinzucker und braunen Zucker weglassen. Dann 2 EL geriebenen Parmesankäse und 1 EL gemischte, gehackte Kräuter unterrühren. Schmeckt toll zu Fleisch oder zu einem gemischten Salat.

bircher müsli mit molke

SCHÖN KERNIG DURCH GERÖSTETE HASELNÜSSE

75 g kernige Haferflocken
150 ml Molke
2 EL Haselnusskerne
1 rotschaliger Apfel (z. B. Elstar)
2 EL Vollmilchjoghurt
1 Banane
5 Trockenpflaumen
2 TL flüssiger Honig
Zubereitung: 15 Min. | Quellen: 12 Std.
Pro Portion: ca. 190 kcal, 4 g EW, 5 g F, 31 g KH

1   Haferflocken in eine flache Schale geben und mit der Molke begießen. Umrühren und zugedeckt über Nacht quellen lassen.

2   Haselnüsse grob hacken und in einer Pfanne ohne Fett goldbraun rösten. Herausnehmen und auskühlen lassen. Den Apfel waschen, vierteln und entkernen. Fruchtfleisch grob reiben. Apfel und Joghurt zu den Haferflocken geben und gründlich verrühren.

3   Banane schälen und in Scheiben schneiden. Pflaumen in Stücke schneiden. Das Müsli auf zwei Schalen verteilen. Bananenscheiben, Pflaumen und Nüsse daraufgeben und den Honig darüberträufeln.

tipp Statt Apfel können Sie auch eine feste Birne grob reiben. Oder probieren Sie das Müsli mit Beeren, Pfirsichstücken oder ihrem Lieblingsobst. Wer es edel mag, streut einfach 1 EL geröstete Pinienkerne oder Pistazien darüber.

frühstücksstuten mit mandeln

DAS SCHMECKT AUCH IHREN GÄSTEN

Für 1 Kastenform
(ca. 1 l Inhalt, ca. 10 Scheiben):
45 g Butter
55 g Zucker
2 EL Speisequark (40% Fett)
250 g Weizenmehl (Typ 1050)
½ Päckchen Trockenhefe
½ TL gemahlener Zimt
1 Ei (Größe M)
60 ml lauwarme Vollmilch
Fett und Semmelbrösel für die
 Form
2 EL Mandelstifte
Zubereitung: 20 Min. |
Gehen: 50 Min. | Backen: 30 Min.
Pro Scheibe: 185 kcal, 5 g EW, 8 g F,
23 g KH

1   40 g Butter und 50 g Zucker in eine Schüssel geben und mit den Quirlen des Handrührgerätes 5 Min. cremig rühren. Quark zugeben und sorgfältig unterrühren. Mehl, Hefe und Zimt mischen. Mehlmischung, Ei und Milch zu der Quarkmasse geben und alles zu einem glatten Teig verkneten. Teig zugedeckt an einem warmen Ort 50 Min. gehen lassen. Backofen auf 200 ° vorheizen.

2   Die längliche Kastenform dünn einfetten und mit Semmelbrösel ausstreuen. Überschüssige Brösel herausklopfen. Den Teig noch einmal durchkneten, zu einem Laib formen und in die Form geben. Mit Mandelstiften und dem restlichen Zucker bestreuen. Übrige Butter in Stückchen darauf verteilen. Im heißen Ofen (2. Schiene von unten, Umluft 180°) ca. 30 Min. backen. Herausnehmen und auskühlen lassen. Dazu schmecken Frischkäse und Konfitüre.

tipp Aus dem Teig lassen sich auch ganz leicht 6 Frühstücksbrötchen backen. Dazu mit angefeuchteten Händen sechs längliche Brötchen formen und auf ein mit Backpapier ausgelegtes Backblech setzen. Ca. 20 Min. bei gleicher Temperatur backen.

variante Dieser Teig eignet sich auch für eine herzhafte Zubereitung. Dafür den Zucker weglassen und ½ TL Salz und 50 g geriebenen Parmesan unterkneten. Auch getrocknete oder frisch gehackte Kräuter (z. B. Rosmarin, Thymian) oder klein geschnittene schwarze Oliven schmecken in dem saftigen Vollkornteig.

4 brotaufstriche & dips

1 erdbeerfrischkäse mit kokos

Zubereitung: 10 Min. | Kühlen: 1 Std.
Pro Portion: ca. 265 kcal, 6 g EW, 19 g F, 17 g KH
100 g Erdbeeren | 1–2 EL flüssiger Honig (z. B. Akazienhonig) | 100 g Doppelrahmfrischkäse | ½ Bio-Zitrone | 1 EL Kokosraspel

Erdbeeren waschen, putzen, klein schneiden und pürieren. Honig und Frischkäse zugeben und glatt verrühren. Zitrone heiß waschen, trocken reiben und die Zitronenschale abreiben. Den Saft auspressen. Zitronenschale und Kokosraspel unter die Creme rühren. Mit Zitronensaft abschmecken. 1 Std. kaltstellen. Schmeckt sehr lecker auf Vollkorn-Croissants.

2 aprikosen-ricotta-creme

Zubereitung: 15 Min.
Pro Portion: ca. 355 kcal, 10 g EW, 18 g F, 34 g KH
50 g gemahlene Mandeln | 100 g getrocknete Aprikosen | 3 EL Ricotta | 1 EL flüssiger Honig

Mandeln in einer Pfanne ohne Fett hellbraun rösten, herausnehmen und abkühlen lassen. Aprikosen grob zerkleinern und in einen Rührbecher geben. Ricotta zufügen und alles mit einem Stabmixer fein pürieren. Mandeln und Honig unterrühren. Die Creme schmeckt auf einem Müslibrötchen besonders gut.

3 curry-humus mit ei

Zubereitung: 30 Min.
Pro Portion: ca. 280 kcal, 13 g EW, 18 g F, 17 g KH
2 Eier | 1 Dose Kichererbsen (265 g Abtropfgewicht) | 1 kleine Zwiebel | 1 Knoblauchzehe | 2 EL Olivenöl | 1 TL mildes Currypulver | 50 ml Gemüsebrühe | 2 Stiele glatte Petersilie | Salz | Pfeffer | Zucker | Zitronensaft

Eier in 10 Min. hart kochen. Kichererbsen in einem Sieb abtropfen lassen. Zwiebel schälen und fein würfeln. Knoblauch schälen und fein hacken. Öl erhitzen, Zwiebel und Knoblauch darin kurz andünsten. Currypulver zugeben und kurz mitdünsten. Kichererbsen und Brühe zugeben und alles aufkochen. Vom Herd nehmen. In ein hohes Gefäß geben und fein pürieren. Eier abgießen, abschrecken und pellen. Eier klein schneiden und durch ein feines Sieb zur Erbsenmasse streichen. Petersilie waschen, Blättchen abzupfen, fein hacken und unterrühren. Mit Salz, Pfeffer, Zucker und Zitronensaft würzen. Auskühlen lassen, mit Salz und Pfeffer abschmecken. Schmeckt auf Fladenbrot, zu Schafskäse, Tomaten und Salatgurken oder als Dip zu Sesamstangen oder Tacochips.

4 tofu-kräuter-aioli

Zubereitung: 20 Min.
Pro Portion: ca. 220 kcal, 18 g EW, 15 g F, 5 g KH
1 Knoblauchzehe | 5 Stiele glatte Petersilie | 5 Zweige Thymian (z. B. Zitronenthymian) | ½ Bund Schnittlauch | 400 g Seidentofu | 1 EL Olivenöl | abgeriebene Schale ½ Bio-Zitrone | 1–2 TL Zitronensaft | Salz | Pfeffer

Knoblauch schälen. Kräuter waschen, trocken tupfen. Blättchen abzupfen. Schnittlauch in feine Röllchen schneiden, Thymian und Petersilie fein hacken. Seidentofu glatt pürieren. Knoblauch dazu pressen. Olivenöl, Kräuter, Zitronenschale und –saft zugeben, alles verrühren. Aioli mit Salz und Pfeffer würzen. Bis zum Servieren kaltstellen. Schmeckt mit Rohkost, auf geröstetem Brot, Brezen und zu Gegrilltem.

seidentofu wird in Japan sehr geschätzt. Er hat eine sehr weiche und zarte Konsistenz und eignet sich sehr gut als Suppeneinlage, für Brotaufstriche und püriert in Saucen.

möhrensalat mit ananas

AROMATISCHES POWER-FRÜHSTÜCK

2 EL ungeschälter Sesam
1 Orange
½ Bio-Zitrone
1 EL Apfeldicksaft oder flüssiger Honig
2 EL Rapsöl
200 g Möhren
1 Apfel
¼ Ananas (ca. 200 g)
je 3 Stiele Basilikum und Zitronenmelisse
Zubereitung: 35 Min.
Pro Portion: 250 kcal, 3 g EW, 16 g F, 23 g KH

1   Sesam unter Rühren in einer Pfanne ohne Fett goldbraun rösten, bis er duftet. Vom Herd nehmen. Den Saft der Orange auspressen. Zitrone heiß waschen, trocken reiben und die Schale dünn abreiben. Orangensaft, Zitronenschale, Apfeldicksaft oder Honig und Öl verrühren.

2   Möhren waschen, putzen und schälen. Apfel waschen, vierteln und entkernen. Möhren und Apfel grob raspeln und mit der Orangensauce vermengen. Die Ananas großzügig schälen und den Strunk entfernen. Das Fruchtfleisch in kleine Würfel schneiden und unter den Möhrensalat heben.

3   Kräuter waschen, trocken tupfen, Blättchen abzupfen und hacken. Salat portionieren und mit Sesam und Kräutern anrichten.

zweierlei frühstückssalate

VIEL KNACKIGES GEMÜSE GIBT DEN KICK

1 dünne Stange Lauch (ca. 200 g)
Salz
1 Kohlrabi (ca. 350 g)
1 EL Zitronensaft
1 Msp. abgeriebene Schale von 1 Bio-Zitrone
Pfeffer
1 EL Olivenöl
300 g Möhren
1 Stange Staudensellerie
3 EL Vollmilchjoghurt
1 TL Erdnusscreme
½ TL Essig (z. B. Apfelessig)
2 Stiele glatte Petersilie
Zubereitung: 30 Min.
Pro Portion: 170 kcal, 7 g EW, 9 g F, 15 g KH

1   Lauch putzen, waschen und in dünne Ringe schneiden. In wenig kochendem Salzwasser 1 Min. kochen. Abgießen, abtropfen lassen. Kohlrabi schälen und grob raspeln. Zitronensaft und -schale, Salz, Pfeffer und Öl verrühren. Lauch, Kohlrabi und Vinaigrette miteinander vermengen.

2   Möhren waschen, putzen, schälen und grob raspeln. Sellerie putzen, waschen und in feine Würfel schneiden. Joghurt, Erdnusscreme, Salz und Pfeffer verrühren. Mit Essig abschmecken. Petersilie waschen, Blättchen abzupfen und fein hacken. Möhren, Sellerie und Erdnusssauce gut vermengen. Salat mit Petersilie bestreut anrichten.

tipp Die Salate eignen sich auch prima als Belag für ein Geflügel-Sandwich. Einfach die untere Hälfte des Brots leicht mit Butter bestreichen und mit einem der Salate belegen. Gebratenes Hähnchenbrustfilet darauflegen und zusammenklappen.

MÖHRENSALAT MIT ANANAS

5 frühstücks-brote

1 südtiroler brötchen

Zubereitung: 10 Min.
Pro Portion: 410 kcal, 20 g EW, 24 g F, 27 g KH
2 Vinschgauer Brötchen oder Roggenbrötchen |
2 Salatblätter | 1 Frühlingszwiebel | 20 g Butter |
2 Scheiben Bergkäse (ca. 60 g) | 50 g dünn ge-
schnittener Südtiroler Bauernspeck | 1 Apfel

Brötchen halbieren. Salat waschen, trocken tupfen.
Frühlingszwiebel putzen, waschen, fein schneiden.
Untere Brötchenhälften mit Butter bestreichen. Mit
Frühlingszwiebeln, Salat, Käse und Schinken belegen.
Obere Hälften darauf setzen. Apfel dazu essen.

2 lachs-bagel

Zubereitung: 10 Min.
Pro Portion: 305 kcal, 29 g EW, 14 g F, 24 g KH
2 Bagel Brötchen (z. B. Sesam) | 2 EL Frischkäse |
2 TL Senf-Dill-Sauce | 50 g Salatgurke | ½ Beet
Kresse | 4 Scheiben Räucherlachs | Salz | Pfeffer

Bagels quer halbieren. Untere Hälften mit Frischkäse,
obere Hälften mit Sauce bestreichen. Gurke waschen
und in Scheiben schneiden. Kresse vom Beet schneiden. Lachs, Gurke und Kresse auf dem Frischkäse verteilen. Würzen. Bagels zusammensetzen.

3 laugenstange mit obatzter

Zubereitung: 20 Min.
Pro Portion: 315 kcal, 17 g EW, 16 g F, 25 g KH
100 g Camembert (40% Fett i. Tr.) | 1 EL Speise-
quark (20% Fett) | 1 EL Ajvar (aus dem Glas,
s. Seite 18) | 1 kleine Zwiebel | 1 TL Öl | Salz |
Cayennepfeffer | 2 EL Radieschensprossen |
¼ Bund Schnittlauch | 2 Laugenstangen

Camembert würfeln, fein zerdrücken. Quark und Ajvar
zugeben. Zwiebel schälen, fein würfeln und im heißen
Öl 1 Min. andünsten. Kurz abkühlen lassen. Zwiebel
zum Camembert geben. Mit Salz und Cayennepfeffer
abschmecken. 10 Min. kaltstellen. Sprossen verlesen.
Schnittlauch und Sprossen waschen und trocken tupfen. Schnittlauch fein schneiden. Laugenstangen quer
halbieren. Obatzten auf die unteren Hälften streichen,
Sprossen und Schnittlauch darauf verteilen. Obere
Hälften daraufsetzen.

4 ciabatta caprese

Zubereitung: 10 Min.
Pro Portion: 365 kcal, 23 g EW, 19 g F, 26 g KH
125 g Mozzarella | 1 Frühlingszwiebel | 1 große
Tomate | 30 g Rucola | 2 Ciabattabrötchen | 2 EL
Frischkäse mit Joghurt | 2 TL grünes Pesto (aus dem
Glas oder s. Seite 48) | 2 Scheiben Putenbrustauf-
schnitt (40 g) | Salz | Pfeffer

Mozzarella abtropfen lassen und in dünne Scheiben
schneiden. Frühlingszwiebel putzen, waschen und in
feine Ringe schneiden. Tomate waschen, Stielansatz
entfernen und in dünne Scheiben schneiden. Rucola
putzen, waschen, trocken tupfen und grob hacken.
Brötchen quer halbieren und die unteren Hälften mit
Frischkäse und Pesto bestreichen. Mit Putenbrust und
den vorbereiteten Zutaten belegen. Mit Salz und Pfeffer würzen. Obere Brötchenhälften daraufgeben.

5 süße tramezzini

Zubereitung: 10 Min.
Pro Portion: 604 kcal, 20 g EW, 26 g F, 70 g KH
4 Scheiben Frühstücksstuten (Rezept Seite 28) |
2 EL Erdnusscreme | 2 EL Speisequark (20% Fett) |
1 Banane | 1 EL Johannisbeergelee

2 Scheiben Stuten mit Erdnusscreme und Quark bestreichen. Banane schälen, schräg in Scheiben
schneiden und auf dem Quark verteilen. Gelee glatt
rühren und auf die Bananen träufeln. Mit den übrigen
Scheiben bedecken. Gesunder Start in den Tag.

SPANISCHES GEMÜSERÜHREI

vollkornmehl

Beim Kauf von Mehl sollten Sie auf die Bezeichnung achten. Je höher die Typenbezeichnung , desto mehr gesunde Inhaltsstoffe wie B-Vitamine, Kalium, Magnesium, Zink, Eisen und Ballaststoffe sind darin enthalten. Das liegt daran, dass die Randschichten der Getreidekörner mit vermahlen werden. So ist beispielsweise das Mehl Type 405 fein vermahlen und heller als Type 1050. Vollkornmehle eignen sich auch super zum Backen von Brot, Kuchen und Plätzchen.

FLUFFIGE PANCAKES MIT HEIDELBEEREN

spanisches gemüserührei

RAFFINIERT MIT CHORIZO ZUBEREITET

30 g Chorizo in Scheiben (scharfe spanische
  Paprikawurst, s. Seite 18, ersatzweise Salami)
1 grüne Paprikaschote
1 Zwiebel
2 EL Olivenöl
Salz | Pfeffer
4 Eier (Größe M)
3 Stiele Petersilie
Zubereitung: 15 Min.
Pro Portion: 330 kcal, 18 g EW, 27 g F, 4 g KH

1   Die Chorizoscheiben vierteln. Paprikaschote halbieren und die Trennwände mit Kernen entfernen. Paprika waschen und in kleine Würfel schneiden. Zwiebel schälen und in feine Würfel schneiden.

2   Öl in einer beschichteten Pfanne erhitzen. Chori-
zo darin ca. 2 Min. knusprig braten. Herausnehmen.
Paprika und Zwiebel im heißen Bratöl ca. 5 Min. unter
Rühren braten. Mit Salz und Pfeffer würzen.

3   Eier sorgfältig verquirlen. Mit Salz und Pfeffer
würzen. Petersilie waschen, trocken tupfen, Blättchen
abzupfen und hacken. Chorizo zum Gemüse geben,
verquirlte Eier darübergießen und zusammenschie-
ben, bis die Eiermasse stockt. Rührei anrichten und
mit Petersilie bestreuen.

tipp Wer mag, reibt noch etwas von dem
berühmten spanischen Käse, dem würzigen Manchego (s. Seite 19), über das fertige Rührei.

fluffige pancakes mit heidelbeeren

AMERIKANISCHER KLASSIKER

125 g Roggenmehl (Typ 1150)
1 Prise Salz
1 TL Zucker
½ Päckchen Vanillinzucker
1 TL Backpulver
2 Eier (Größe M)
125 ml Buttermilch
3 EL Sonnenblumenöl
150 g Heidelbeeren
2 EL Schmand
2 EL Apfeldicksaft
Zubereitung: 40 Min.
Pro Portion: 560 kcal, 16 g EW, 27 g F, 62 g KH

1   Mehl, Salz, Zucker, Vanillinzucker, Backpulver,
Eier, Buttermilch und 1 EL Öl zu einem glatten Teig
verquirlen. Teig ca. 15 Min. quellen lassen.

2   Inzwischen Heidelbeeren verlesen, waschen und
trocken tupfen. Restliches Öl portionsweise in einer
beschichteten Pfanne erhitzen. Aus dem Teig 8 Pancakes bei mittlerer Hitze 2–3 Min. backen. Dafür den
Teig mit einer Kelle in kleinen Portionen in die Pfanne
geben. Wenn auf der Oberseite kleine Bläschen entstehen, die Pancakes umdrehen und auf der anderen
Seite fertig backen. Pancakes im Ofen warm stellen.

3   Pancakes mit Schmand, Apfeldicksaft und Heidelbeeren anrichten. Nach Wunsch mit einigen Minze-
blättchen dekorieren.

tipp Pancakes lassen sich auch herzhaft zubereiten. Dafür den Zucker weglassen und stattdes-
sen etwas geriebene Muskatnuss, 1 EL gehackte
Kräuter (z. B. Thymian und Petersilie) und 2 EL geriebenen Parmesankäse unterrühren. Dazu passt
ein Kräuterquark.

VEGETARISCH GENIESSEN

Viel frisches Gemüse, feine Öle und aromatische Kräuter sorgen für abwechslungsreiche Rezeptideen rund ums Jahr. Von zarten Möhren über sonnenverwöhnte Tomaten und Paprika bis zum leuchtenden Herbstkürbis und der winterlich erdigen Roten Bete – da bleiben keine Wünsche offen!

spinatnocken
mit geschmolzenen tomaten

KÄSE GIBT DEN NOCKEN DIE WÜRZE

500 g Blattspinat
1 Knoblauchzehe
1 kleine Zwiebel
2 EL Olivenöl
Salz | Pfeffer
frisch geriebene Muskatnuss
400 g Tomaten
1 TL Tomatenmark
100 ml Orangensaft
2 Scheiben Sesamknäckebrot
80 g alter Gouda
75 g Weizenmehl (Type 1050)
1 Ei (Größe M)
2 Stiele Basilikum
Zubereitung: 1 Std.
Pro Portion: 480 kcal, 28 g EW,
22 g F, 42 g KH

1   Spinat verlesen, putzen und waschen. Knoblauch und Zwiebel schälen und fein hacken. 1 EL Öl in einem großen, breiten Topf erhitzen. Knoblauch und Zwiebeln bei mittlerer Hitze 1 Min. andünsten. Tropfnassen Spinat und 2 EL Wasser zugeben und solange dünsten, bis die Flüssigkeit verdampft und der Spinat zusammengefallen ist. Mit Salz, Pfeffer und Muskat würzen. Vom Herd nehmen.

2   Tomaten waschen, halbieren und den Stielansatz entfernen. Tomaten in Würfel schneiden. Restliches Öl in einem Topf erhitzen. Tomaten, Tomatenmark und Orangensaft zugeben und zugedeckt 5 Min. bei mittlerer Hitze dünsten. Mit Salz und Pfeffer würzen. Vom Herd nehmen.

3   Spinat gut ausdrücken und fein hacken. Knäckebrot im Blitzhacker fein zerbröseln. Käse fein reiben. Spinat, Mehl, Knäckebrotbrösel, Käse und Ei vermengen. Mit Salz und Pfeffer würzen. 10 Min. quellen lassen.

4   In einem großen Topf Salzwasser aufkochen. Aus der Masse mit Hilfe von zwei Esslöffeln 10–12 Nocken formen, in das siedende Wasser geben und ca. 8 Min. gar ziehen lassen. Sie sind gar, wenn sie an die Oberfläche steigen. Basilikum waschen, trocken tupfen und Blättchen abzupfen. Die Tomaten noch mal erhitzen. Nocken mit einer Schaumkelle herausheben, abtropfen lassen und mit den Tomaten anrichten. Mit Basilikum bestreuen.

tipp Mit Käse gratiniert schmecken die Nocken auch zu einem frischen Salat oder als Beilage zu Gulasch und Ragouts.

GEMÜSEPFANNE MIT ROTEN BOHNEN

dünsten

Bei dieser Garmethode handelt es sich um das Garen im eigenen Saft oder mit wenig Flüssigkeit oder Fett in einem geschlossenen Topf. Sie ist besonders gesund, da die Vitamine und Mineralstoffe weitgehend erhalten bleiben. Aber nicht nur das: Der Geschmack und das Aroma der einzelnen Zutaten kommt besser zur Geltung! Diese Methode eignet sich sehr gut für die Zubereitung von zartem Gemüse, Fisch und Obst.

ANTIPASTI MIT SENFVINAIGRETTE

gemüsepfanne mit roten bohnen

MIT KREUZKÜMMEL EXOTISCH ABGESCHMECKT

je 1 gelbe und rote Paprikaschote (ca. 400 g)
1 Zwiebel | 200 g braune Champignons
1 dünne Stange Lauch (ca. 200 g)
3 EL Olivenöl
Salz | Pfeffer
1 TL getrockneter Oregano
1 TL gemahlener Kreuzkümmel
1 Dose Kidneybohnen (250 g Abtropfgewicht)
2 Stiele glatte Petersilie | 5 EL Vollmilchjoghurt
1 EL Zitronensaft | 100 g Schafskäse
Zubereitung: 40 Min.
Pro Portion: 490 kcal, 25 g EW, 28 g F, 33 g KH

1   Paprika halbieren, putzen, waschen und in mundgerechte Stücke schneiden. Zwiebel schälen und fein würfeln. Champignons putzen, bei Bedarf mit einem Tuch abreiben und vierteln. Lauch putzen, waschen und in dünne Ringe schneiden.

2   2 EL Öl in einer Pfanne erhitzen und die Paprika darin unter Rühren bei mittlerer Hitze ca. 8 Min. braten. Zwiebel zugeben und kurz mitbraten. Mit Salz, Pfeffer und Oregano würzen. Herausnehmen.

3   Restliches Öl in die Pfanne geben. Pilze darin bei starker Hitze anbraten. Lauch zugeben und alles bei mittlerer Hitze ca. 5 Min. weiterbraten. Mit Salz, Pfeffer und Kreuzkümmel würzen.

4   Bohnen in ein Sieb geben, kalt abspülen und abtropfen lassen. Paprika und Bohnen zu den Pilzen geben und erhitzen.

5   Petersilie waschen, trocken tupfen und Blättchen hacken. Joghurt, Petersilie und Zitronensaft verrühren. Schafskäse zerbröckeln, unterrühren. Mit Pfeffer würzen. Zu dem Gemüse reichen. Dazu passt Baguette.

antipasti mit senfvinaigrette

ITALIENISCHER KLASSIKER IM NEUEN GEWAND

300 g Möhren
1 große Stange Lauch (ca. 300 g)
2 kleine Zucchini
3 EL Olivenöl
Salz | Pfeffer
100 g Kirschtomaten
1 Knoblauchzehe
1 EL Apfelessig
1 TL Feigensenf oder süßer Senf
3 Stiele Basilikum
1 Frühlingszwiebel
Zubereitung: 30 Min.
Pro Portion: 230 kcal, 6 g EW, 16 g F, 14 g KH

1   Möhren waschen, putzen, schälen und schräg in ca. 2 mm dünne Scheiben schneiden. Lauch putzen, waschen und schräg in ca. 5 mm dünne Scheiben schneiden. Zucchini putzen, waschen und längs in ca. 3 mm dünne Scheiben schneiden.

2   Gemüse in 2 EL heißem Öl bei starker Hitze kurz anbraten, salzen, pfeffern. 100 ml Wasser zugießen und geschlossen 4–5 Min. bei mittlerer Hitze dünsten. Abgießen und abtropfen lassen, dabei Garflüssigkeit auffangen und 5 EL davon abmessen.

3   Kirschtomaten waschen und halbieren. Gemüse und Tomaten auf einer Platte anrichten. Knoblauch schälen und zum Essig pressen. Garflüssigkeit, Senf und restliches Öl unterrühren. Mit Salz und Pfeffer würzen. Vinaigrette über das Gemüse träufeln.

4   Basilikum waschen, trocken tupfen, Blättchen abzupfen und in dünne Streifen schneiden. Frühlingszwiebel putzen, waschen und in feine Ringe schneiden. Beides über das Gemüse streuen. Mit Salz und Pfeffer abschmecken. Dazu schmeckt Ciabatta.

möhren-kartoffelplätzchen mit kräuterquark

TOLLE VORSPEISE FÜR GÄSTE

300 g festkochende Kartoffeln
300 g Möhren
50 g frisch geriebener Parmesan
50 g gemahlene Mandeln
2 Eier (Größe M)
Salz | Pfeffer
frisch geriebene Muskatnuss
2 EL Sonnenblumenkerne
250 g Speisequark (20% Fett)
100 g Vollmilchjoghurt
3 EL gemischte gehackte Kräuter
  oder TK-8 Kräuter Mischung
1 EL Zitronensaft
1 Prise Zucker
3 EL Radieschensprossen
4 EL Olivenöl
Zubereitung: 45 Min.
Pro Portion: 850 kcal, 44 g EW,
59 g F, 33 g KH

1 Kartoffeln und Möhren schälen, waschen und gut trocken tupfen. Beides grob raspeln. Parmesankäse, Mandeln, Eier, Kartoffeln und Möhren zusammen in eine Schüssel geben und gut vermengen. Mit 1 gestrichenen TL Salz, Pfeffer und Muskat würzen.

2 Sonnenblumenkerne in einer beschichteten Pfanne ohne Fett unter Rühren bei mittlerer Hitze goldbraun rösten. Herausnehmen, auf einem Teller geben und auskühlen lassen.

3 Quark, Joghurt und Kräuter verrühren. Mit Salz, Pfeffer, Zitronensaft und Zucker würzen. Radieschensprossen verlesen, waschen und mit Küchenpapier gründlich trocken tupfen.

4 2 EL Öl in der Pfanne erhitzen. Aus der Hälfte der Möhrenmasse 5 Plätzchen braten. Dafür die Masse in das heiße Fett geben und 15 Min. unter gelegentlichem Wenden bei mittlerer Hitze goldbraun braten. Fertige Plätzchen im Ofen warm stellen. Übriges Öl in der Pfanne erhitzen und aus der restlicher Masse noch mal 5 Plätzchen backen.

5 Die Möhrenplätzchen mit dem Kräuterquark, den gerösteten Sonnenblumenkernen und Radieschensprossen anrichten.

tipp Die knusprigen Plätzchen lassen sich sehr gut variieren. Sie schmecken statt mit Möhre auch mit Kohlrabi oder später im Jahr mit Kürbis, Steckrübe oder Rote Bete sehr lecker. Falls etwas übrig bleibt, sind die Plätzchen ein toller Brotbelag.

gebackene rote beten
mit apfelvinaigrette & kürbiskernen

FEIN WÜRZIG DURCH KÜRBISKERNÖL

4 Rote Beten (ca. 800 g)
2 Frühlingszwiebeln
3 Stiele glatte Petersilie
½ Bund Schnittlauch
2 EL Apfelessig
2 EL Apfeldicksaft oder
   flüssiger Honig
1 TL Dijonsenf
Salz | Pfeffer
50 ml warme Gemüsebrühe
2 EL Kürbiskernöl
2 EL Rapsöl
1 rotschaliger Apfel (z. B. Elstar)
2 EL geschälte Kürbiskerne
Zubereitung: 20 Min. |
Backen: 2 Std.
Pro Portion: 440 kcal, 8 g EW,
26 g F, 42 g KH

1   Backofen auf 200° vorheizen. Rote Bete waschen und einzeln fest in Alufolie wickeln und im heißen Ofen (2. Schiene von unten, Umluft 180°) 2 Std. backen.

2   Frühlingszwiebeln putzen, waschen und in feine Ringe schneiden. Kräuter waschen und trocken tupfen. Petersilienblättchen abzupfen und fein hacken, Schnittlauch in Röllchen schneiden. Essig, Apfeldicksaft oder Honig, Senf, Salz, Pfeffer, Brühe und Öle verrühren. Frühlingszwiebeln und Kräuter unter die Vinaigrette mischen. Den Apfel waschen, vierteln und entkernen. Fruchtfleisch in kleine Würfel schneiden und in die Vinaigrette geben. Mit Salz und Pfeffer abschmecken.

3   Kürbiskerne unter Rühren in einer Pfanne ohne Fett goldbraun rösten. Herausnehmen und auskühlen lassen.

4   Rote Bete aus dem Ofen nehmen, kurz abkühlen lassen und die Folie entfernen. Rote Bete schälen, halbieren und mit der Vinaigrette anrichten. Mit den gerösteten Kürbiskernen bestreuen.

tipp Zu der gebackenen Rote Bete schmeckt gebratener oder gedünsteter Fisch (z. B. frisches Lachsfilet), wachsweich gekochte Eier oder kross gebratener Nusstofu.

kürbiskerne gelten als altes Hausmittel bei Prostataleiden und Blasensteinen. Sie enthalten sehr viel Zink, das eine positive Wirkung auf unser Immunsystem hat. Auch Infektionen und Wundheilung werden durch Zink positiv beeinflusst.

gebratene mandelkartoffeln
mit wildkräutersalat

DIE SCHMANDSAUCE MACHT DEN SALAT SEHR FEIN

150 g gemischte Wildkräuter
   (z. B. Löwenzahn, Sauerampfer,
   Knoblauchsrauke, wilde Rauke,
   Bärlauch) oder gemischte
   Blattsalate
1 Frühlingszwiebel
1 EL Schmand
150 ml Gemüsebrühe
1 TL Zitronensaft
Salz | Pfeffer
750 g vorwiegend festkochende
   Kartoffeln
3 EL Olivenöl
2 Knoblauchzehen
6–7 Stiele Basilikum
50 g Mandelstifte
Zubereitung: 1 Std. 15 Min.
Pro Portion: 535 kcal, 13 g EW,
32 g F, 49 g KH

1   Wildkräuter putzen, waschen, trocken tupfen und bei Bedarf etwas kleiner zupfen. Frühlingszwiebel putzen, waschen und in feine Ringe schneiden. Schmand, Brühe, Frühlingszwiebel und Zitronensaft verrühren. Mit Salz und Pfeffer würzen.

2   Kartoffeln schälen, waschen und trocken tupfen. Kartoffeln in 1 cm große Würfel schneiden. Öl in einer beschichteten Pfanne erhitzen. Kartoffelwürfel darin unter gelegentlichem Rühren bei mittlerer Hitze 15–20 Min. braten.

3   Knoblauch schälen und fein hacken. Basilikum waschen, trocken tupfen, Blättchen abzupfen und grob hacken.

4   Mandeln zu den Kartoffeln geben und ca. 5 Min. mitbraten. Knoblauch 1 Min. vor Ende der Bratzeit zugeben. Basilikum unterheben. Mit Salz und Pfeffer würzen. Die Wildkräuter mit der Schmandsauce vermengen. Mandelkartoffeln mit dem Salat anrichten.

variante kartoffeln mit basilikumpesto

Die Kartoffeln schmecken auch mit einem klassischen Pesto. Dafür 30 g Pinienkerne in einer Pfanne bei mittlerer Hitze unter Rühren goldbraun rösten. Herausnehmen und abkühlen lassen. 100 g Basilikum waschen, trocken tupfen. Beides mit 160 ml Olivenöl in ein hohes, schmales Gefäß geben und mit dem Stabmixer fein pürieren. 60 g frisch geriebenen Parmesankäse unterheben und mit Salz und Pfeffer abschmecken. 2–3 EL Pesto mit den gebratenen Kartoffelwürfeln vermengen und zum Salat reichen. Restliches Pesto in ein sauberes, gut verschließbares Glas füllen und mit Olivenöl bedecken. So hält es sich ca. 14 Tage im Kühlschrank.

PILZRAGOUT MIT KÄSEPOLENTA

pilzragout
mit käsepolenta
AROMATISCHER GENUSS NICHT NUR IM HERBST

500 g gemischte Pilze (z. B. Kräuterseitlinge,
  Austernpilze, Champignons)
1 Zwiebel
3 Zweige frischer oder ½ TL getrockneter Thymian
3 Stiele glatte Petersilie
500 ml Gemüsebrühe
100 g Polenta (feiner Maisgrieß)
3 EL Olivenöl
Salz | Pfeffer
5 EL trockener Weißwein
2 EL Crème fraîche
30 g frisch geriebener Parmesan
Zubereitung: 35 Min.
Pro Portion: 485 kcal, 17 g EW, 26 g F, 41 g KH

1   Pilze putzen, bei Bedarf mit einem Tuch abreiben
und je nach Größe etwas kleiner schneiden. Zwiebel
schälen und in kleine Würfel schneiden. Kräuter waschen, trocken tupfen, Blättchen abzupfen und ge-
trennt hacken.

2   400 ml Gemüsebrühe aufkochen, Maisgrieß unter Rühren einrieseln lassen. Aufkochen, auf der ausgeschalteten Herdplatte 10 Min. ausquellen lassen.

3   2 EL Öl in einer beschichteten Pfanne erhitzen.
Pilze darin ca. 5 Min. bei starker Hitze anbraten.
Zwiebelwürfel zugeben und kurz mitbraten. Mit Salz,
Pfeffer und Thymian würzen. Mit Wein und restlichen
Brühe ablöschen. Crème fraîche einrühren und auf-
kochen. Mit Salz und Pfeffer abschmecken.

4   Heiße Polenta kräftig umrühren, Parmesan und
restliches Olivenöl unterrühren. Mit Salz und Pfeffer
würzen. Alles anrichten und mit Petersilie bestreuen.

paprika
mit spinatfüllung
EIN VEGETARISCHES GERICHT DER EXTRAKLASSE

25 g Mandelstifte
1 Zwiebel | 1 Knoblauchzehe
2 EL Öl | 250 g vorportionierter TK-Blattspinat
30 g getrocknete, in Öl eingelegte Tomaten
100 g Crème fraîche
50 g geriebener mittelalter Gouda
½ TL getrockneter Oregano
Cayennepfeffer | Salz
2 rote mittelgroße Paprikaschoten (à ca. 200 g)
250 ml Gemüsebrühe
1 TL Paprikamark (aus der Tube) | 1 TL Mehl
Zubereitung: 1 Std.
Pro Portion: 500 kcal, 16 g EW, 43 g F, 11 g KH

1   Mandeln in einer Pfanne ohne Fett goldbraun
rösten. Herausnehmen, auskühlen lassen. Zwiebel
und Knoblauch schälen. Zwiebel würfeln, Knoblauch
fein hacken. Beides im heißen Öl bei mittlerer Hitze
kurz andünsten. Spinat und 3 EL Wasser zugeben und
geschlossen in ca. 10 Min. auftauen lassen.

2   Tomaten abtropfen lassen und fein hacken. Spi-
nat in ein Sieb geben und ausdrücken. Crème fraîche,
Spinat, Käse, Tomaten und Mandeln verrühren. Mit
Oregano, Cayennepfeffer und Salz würzen.

3   Von den Paprikaschoten einen Deckel abschneiden, Trennwände und Kerne entfernen und die Schoten waschen. Wenn nötig, den Boden mit einem Messer begradigen. Spinat in die Schoten füllen, Deckel
aufsetzen. In einen Topf setzen. Brühe angießen, aufkochen und geschlossen ca. 20 Min. garen.

4   Paprikamark, Mehl und 2 EL Wasser verrühren.
Fertige Schoten herausnehmen, Paprikamischung in
den Sud einrühren, aufkochen. Schoten hineinsetzen
und 2 Min. köcheln lassen. Dazu schmeckt Reis.

kartoffel-tortilla mit paprikasalsa

TEMPERAMENTVOLLER KLASSIKER AUS SPANIEN

700 g vorwiegend festkochende
  Kartoffeln
1 kleiner Zweig Rosmarin
2 EL Öl
Salz | Pfeffer
50 g getrocknete, in Öl eingelegte
  Tomaten
1 rote Paprikaschote
1 Frühlingszwiebel
2 EL Orangensaft
1 TL Essig (z. B. Sherryessig)
einige Tropfen Tabasco
30 g geriebener Manchego
  (s. Seite 19) oder Gouda
3 Eier (Größe M)
Zubereitung: 50 Min.
**Pro Portion: 510 kcal, 20 g EW,
26 g F, 45 g KH**

1   Kartoffeln schälen, waschen, trocken tupfen und in kleine Würfel schneiden. Rosmarin waschen, trocken tupfen, Nadeln abzupfen und fein hacken. Öl in einer Pfanne erhitzen. Kartoffelwürfel darin unter Wenden bei mittlerer Hitze in 15 Min. goldbraun braten. Mit Salz, Pfeffer und gehackten Rosmarin würzen.

2   Tomaten abtropfen lassen, Öl dabei auffangen. Tomaten in feine Streifen schneiden. Paprikaschote halbieren und die weißen Trennwände mit den Kernen herausschneiden. Paprika waschen. Mit einem Sparschäler die Haut großzügig abschälen. Paprika in grobe Stücke schneiden. Frühlingszwiebel putzen, waschen und in feine Ringe schneiden.

3   Paprika und Orangensaft in einen Rührbecher geben und mit dem Stabmixer fein pürieren. Essig, Tabasco und Frühlingszwiebeln zugeben und unterrühren. Die Salsa mit Salz abschmecken.

4   Tomaten unter die Kartoffeln heben und mit Käse bestreuen. Eier verquirlen, mit Salz und Pfeffer würzen und gleichmäßig über die garen Kartoffeln verteilen. Geschlossen bei schwacher Hitze 10–15 Min. stocken lassen. Kartoffel-Tortilla und Salsa anrichten.

gästetipp Die Tortilla ist in Spanien eine beliebte Tapasvariation. Dafür die fertige Tortilla auskühlen lassen und in mundgerechte Würfel schneiden. Wer mag, serviert dazu Oliven, Manchego, Serranoschinken und eiskalten trockenen Sherry.

KÜRBISGEMÜSE AUS DEM OFEN

KÜRBISSUPPE MIT KARTOFFELSTROH

kürbis

Die große bunte Kürbisfamilie ist von unseren Speisezetteln nicht mehr wegzudenken. Ganz besonders, wenn man sich kalorienarm und gesund ernähren möchte, ist das Riesengemüse unverzichtbar. Aber nicht nur das: Aus den Kernen wird ein geschmacklich sehr intensives und nussiges Öl hergestellt, das als Delikatesse gilt. Nur ein paar Tropfen reichen aus, um einem Gericht ein raffiniertes Aroma zu geben (s. Seite 47).

kürbisgemüse aus dem ofen

BALSAMICO-ESSIG SORGT FÜR RAFFINESSE

1 kleiner Hokkaido-Kürbis (ca. 800 g)
400 g vorwiegend festkochende Kartoffeln
5 EL Olivenöl
1 TL Meersalz
1 Zweig Rosmarin
3 Zweige Thymian
3 Frühlingszwiebeln
150 g Kirschtomaten
150 ml Gemüsebrühe
2 EL Pinienkerne
einige Tropfen Aceto balsamico
Zubereitung: 20 Min. | Backen: 45 Min.
Pro Portion: 500 kcal, 9 g EW, 32 g F, 43 g KH

1 Den Backofen auf 200° vorheizen. Kürbis waschen, vierteln und die Kerne herauskratzen. Fruchtfleisch in 1 cm breite Spalten schneiden. Kartoffeln waschen, bei Bedarf schälen und in dünne Spalten schneiden.

2 Öl und Salz verrühren. Kräuter waschen, trocken tupfen, Nadeln und Blättchen abzupfen und mit dem Öl verrühren. Kürbis und Kartoffeln auf einem Backblech verteilen und mit dem Kräuteröl vermengen. Im Ofen (Mitte, Umluft 180°) ca. 45 Min. backen.

3 Frühlingszwiebeln putzen, waschen und schräg in ca. 2 cm große Stücke schneiden. Tomaten waschen und halbieren. Nach 25 Min. beides unter das Kartoffel-Kürbisgemüse mischen. Brühe zugießen, mit Pinienkernen bestreuen und fertig backen. Das Gemüse aus dem Ofen nehmen und mit Salz, Pfeffer und Essig abschmecken.

tipp Eine besonders raffinierte Note bekommt das Gemüse, wenn man es zum Schluss mit 1 Msp. gemahlenem Zimt abschmeckt.

kürbissuppe mit kartoffelstroh

STERNEKÜCHE FÜR ZUHAUSE

1 kleiner Hokkaido-Kürbis (ca. 800 g)
1 mittelgroße Möhre
1 Zwiebel
1 Knoblauchzehe
3 EL Olivenöl
1 TL Currypulver
750 ml Gemüsebrühe
1 große Kartoffel
Salz | Pfeffer
1 TL flüssiger Honig
2 TL Crème fraîche
Zubereitung: 1 Std.
Pro Portion: 310 kcal, 5 g EW, 19 g F, 28 g KH

1 Kürbis waschen, halbieren, entkernen und in kleine Würfel schneiden. Möhre waschen, putzen, schälen und klein schneiden. Zwiebel und Knoblauchzehe schälen und fein würfeln.

2 1 EL Öl in einem Topf erhitzen. Zwiebel und Knoblauch darin bei mittlerer Hitze andünsten. Currypulver darüber stäuben und kurz anschwitzen. Gemüse zugeben und kurz andünsten. Brühe zugießen und alles im geschlossenen Topf 20 Min. köcheln lassen.

3 Die Kartoffel schälen, waschen und trocken tupfen. Zuerst in 2–3 mm dünne Scheiben schneiden oder hobeln, dann in 2–3 mm dünne und 3 cm lange Stifte schneiden. Restliches Öl in einer beschichteten Pfanne erhitzen. Kartoffelstifte darin bei mittlerer Hitze unter wenden 5–10 Min. knusprig braten. Mit Salz und Pfeffer würzen.

4 Die Suppe mit einem Stabmixer fein pürieren und mit Honig, Salz und Pfeffer abschmecken. Crème fraîche glatt rühren und auf der Suppe verteilen. Suppe mit Kartoffelstroh anrichten.

linsensalat mit birne

SCHÖN KNACKIG DURCH STAUDENSELLERIE

100 g Puy-Linsen
150 g Spätzle
Salz
1 Schalotte
3 EL Weißweinessig
3 EL Rapsöl
Pfeffer
1–2 TL mittelscharfer Senf
abgeriebene Schale von ½ Bio-Zitrone
1 TL flüssiger Honig
2 Stangen Staudensellerie
1 rotschalige Birne (z. B. Forelle)
3–4 Stiele glatte Petersilie
Zubereitung: 30 Min.
Pro Portion: 610 kcal, 23 g EW, 18 g F, 88 g KH

1   Linsen in Wasser nach Packungsanweisung garen. Spätzle in Salzwasser nach Packungsanweisung bissfest kochen.

2   Schalotte schälen und in feine Würfel schneiden. Essig, Öl, Schalotte, Salz, Pfeffer, Senf, Zitronenschale, Honig und 2 EL heißes Wasser verrühren. Spätzle und Linsen abgießen, abtropfen lassen und sofort mit der Vinaigrette vermengen.

3   Staudensellerie putzen, waschen und fein würfeln. Birne waschen, nach Wunsch schälen, vierteln und entkernen. Fruchtfleisch in kleine Würfel schneiden. Beides unter den Salat heben.

4   Petersilie waschen, trocken tupfen, Blättchen abzupfen und fein hacken. Petersilie unterheben und den Linsensalat kurz ziehen lassen. Mit Salz und Pfeffer abschmecken.

rote linsensuppe mit kokosmilch

ASIATISCH MIT KORIANDER UND KREUZKÜMMEL

1 Zwiebel
1 Knoblauchzehe
1 Stück Ingwer (ca. 20 g)
300 g vorwiegend festkochende Kartoffeln
3 EL Rapsöl
½ TL gemahlener Kreuzkümmel
100 g rote Linsen
600 ml Gemüsebrühe
Salz
2 Stiele Koriander
1 kleine Dose Kokosmilch (160 ml)
Pfeffer
Zubereitung: 30 Min.
Pro Portion: 510 kcal, 17 g EW, 30 g F, 43 g KH

1   Zwiebel, Knoblauch und Ingwer schälen und fein hacken. Kartoffeln schälen, waschen, trocken tupfen und in ca. 1 cm große Würfel schneiden.

2   1 EL Öl in einem Topf erhitzen. Zwiebel, Knoblauch und Ingwer darin bei mittlerer Hitze andünsten. Kreuzkümmel und Linsen zugeben, kurz andünsten und die Brühe zugießen. Aufkochen und offen ca. 10 Min. köcheln lassen.

3   Restliches Öl in einer beschichteten Pfanne erhitzen und die Kartoffelwürfel darin bei mittlerer Hitze ca. 10 Min. goldbraun braten. Mit Salz würzen. Koriander waschen, trocken tupfen, Blättchen abzupfen und grob hacken.

4   Kokosmilch zur Suppe gießen und alles mit dem Stabmixer fein pürieren. Kurz aufkochen und noch mal 5 Min. offen köcheln lassen. Mit Salz und Pfeffer abschmecken. Koriander zu den Kartoffeln geben, kurz mitbraten. Kartoffelwürfel vor dem Servieren über die Suppe streuen.

ROTE LINSENSUPPE MIT KOKOSMILCH

schweizer käsewähe zu birnensalat

GAR NICHT NEUTRAL, SONDERN RICHTIG KLASSE

Für eine Quicheform (ca. 20 cm Ø)
105 g Roggenmehl (Type 1150)
50 g Butter
3 Eier (Größe M)
Salz
3 Stiele glatte Petersilie
250 g Magerquark
75 g geriebener Gruyère
Pfeffer
1 Mini-Römersalat
1 rotschalige Birne (z. B. Forelle)
1 Frühlingszwiebel
1 EL Essig (z. B. Apfelessig)
1 Prise Zucker
1 EL Rapsöl
Fett für die Form
Zubereitung: 20 Min. |
Backen: 50 Min.
Pro Portion: 850 kcal, 43 g EW,
52 g F, 51 g KH

1   Backofen auf 180° vorheizen. 100 g Mehl, Butter, 1 Ei und 1/2 TL Salz zu einem glatten Teig verkneten. Ca. 30 Min. kaltstellen.

2   Petersilie waschen, trocken tupfen, Blättchen abzupfen und fein hacken. Quark, restliche Eier, Käse, restliches Mehl und Petersilie verrühren. Mit Salz und Pfeffer abschmecken.

3   Die Quicheform einfetten. Den Teig zwischen zwei Lagen Folie zu einem Kreis ausrollen, der etwas größer als die Form ist. Teigkreis in die Form legen, dabei den Teig an den Rändern hochziehen. Käsemasse hineingeben, glatt streichen. Im Ofen (2. Schiene von unten, Umluft 160°) ca. 50 Min. goldbraun backen.

4   Römersalat putzen, waschen, trocken tupfen und in Streifen schneiden. Birne waschen, vierteln und entkernen. Fruchtfleisch in kleine Würfel schneiden. Frühlingszwiebel putzen, waschen und in feine Ringe schneiden. Essig, Salz, Pfeffer, Zucker, Frühlingszwiebel und 1 EL warmes Wasser verrühren. Öl unterrühren. Salat, Birnenwürfel und Vinaigrette vermengen. Birnensalat zur Wähe reichen.

gruyère ist ein Hartkäse mit einem fruchtig-kräftigen Geschmack. Er stammt aus der französischsprachigen Westschweiz, nördlich des Genfer Sees. Auch heute wird er noch nach einer fast 1000-jährigen Tradition in den dortigen Dorfkäsereien aus naturbelassener Rohmilch hergestellt. Seine Reifezeit bewegt sich zwischen 5 und 9 Monaten. Je länger er reift, desto intensiver ist sein typischer Geschmack.

tomatenlasagne mit räuchertofu

UNWIDERSTEHLICH GUT, AUCH OHNE FLEISCH

Für 1 Auflaufform (25 x 15 cm)
20 g Butter
1 EL Mehl
300 ml Milch
Salz | Pfeffer
200 g Räuchertofu
1 kleine rote Zwiebel
6 Lasagneblätter (ohne Vorkochen)
1 Dose stückige Tomaten (400 g)
1 TL getrockneter Oregano
30 g Parmesan
Zubereitung: 20 Min. | Backen: 30 Min.
Pro Portion: 565 kcal, 29 g EW, 23 g F, 59 g KH

1   Backofen auf 200° vorheizen. Butter erhitzen, Mehl darin kurz anschwitzen. Milch unter Rühren zugießen. Béchamelsauce unter Rühren bei geringer Hitze aufkochen, ca. 5 Min. köcheln lassen. Mit Salz und Pfeffer würzen. Vom Herd nehmen.

2   Tofu in kleine Würfel schneiden. Zwiebel schälen und in kleine Würfel schneiden. Etwas Béchamelsauce in die Auflaufform geben. Dann nacheinander je 2 Lasagneblätter, stückige Tomaten, Zwiebelwürfel, Tofu und Sauce in die Form schichten. Dabei zwischen den Schichten mit Salz, Pfeffer und Oregano würzen. Vorgang wiederholen, bis alle Zutaten verbraucht sind und mit Béchamelsauce abschließen. Parmesankäse darüber reiben. Lasagne im Backofen (Mitte, Umluft 180°) ca. 30 Min. backen.

gratinierter nudelauflauf

MEDITERRANE KRÄUTER GEBEN DEN KICK

Für 1 Auflaufform (25 x 15 cm)
150 g kurze Nudeln (z. B. Spirelli)
Salz
3 EL Kürbiskerne
1 rote Zwiebel
½ Hokkaido-Kürbis (ca. 400 g)
150 g Kirschtomaten
je 2 Zweige Rosmarin und Thymian
3 Eier
150 ml Milch
Pfeffer
50 g Ziegenhartkäse
Fett für die Form
Zubereitung: 25 Min. | Backen: 25 Min.
Pro Portion: 701 kcal, 34 g EW, 30 g F, 73 g KH

1   Backofen auf 200° vorheizen. Nudeln in kochendem Salzwasser nach Packungsanweisung bissfest garen. Abgießen, abtropfen lassen.

2   Kürbiskerne in einer Pfanne ohne Fett rösten, bis sie duften. Herausnehmen. Zwiebel schälen, halbieren und in dünne Spalten schneiden. Kürbis waschen, entkernen, zuerst in Spalten, dann in kleine Würfel schneiden. Tomaten waschen und halbieren. Kräuter waschen, trocken tupfen und Blättchen abzupfen.

3   Eier und Milch verquirlen. Mit Salz und Pfeffer würzen. Ziegenhartkäse fein reiben.

4   Nudeln, Kürbiskerne, Zwiebel, Kürbiswürfel, Tomaten und Kräuter in einer gefetteten Auflaufform gut vermengen. Eiermilch gleichmäßig darübergießen. Alles mit Käse bestreuen. Im heißen Ofen (2. Schiene von unten, Umluft 180°) ca. 25 Min. backen, bis der Käse goldbraun gratiniert ist.

tofu

Er ist ein aus Sojabohnen herge-
stellter »Quark« bzw. »Käse« und
ein echter Verwandlungskünstler.
Ob natur, geräuchert oder gewürzt
und mariniert mit Nüssen, Kräutern
& Co, als Würstel oder Bratling –
Tofu ist inzwischen in vielen Varia-
tionen im Kühlregal zu finden. Er
kann gedünstet, gebraten, gegrillt
oder auch als Suppeneinlage verwendet werden. Probieren Sie einfach mal aus, wie er Ihnen am besten schmeckt.

TOMATENLASAGNE MIT RÄUCHERTOFU

GRATINIERTER NUDELAUFLAUF

seitan-paprikagulasch mit risi-bisi

GESUND, KERNIG UND EINFACH GEMACHT

100 g Vollkornreis
Salz
1 gelbe Paprikaschote (ca. 200 g)
2 Frühlingszwiebeln
250 g Seitan (s. Seite 19)
2 Stiele glatte Petersilie
2 EL Rapsöl
2 EL Ajvar (s. Seite 18)
100 g Schlagsahne
Pfeffer
150 g TK-Erbsen
Zubereitung: 45 Min.
Pro Portion: 660 kcal, 38 g EW,
30 g F, 58 g KH

1   Reis in kochendem Salzwasser nach Packungsanweisung garen.

2   Paprikaschote halbieren und weiße Trennwände einschließlich der Kerne entfernen. Paprika waschen und in ca. 1 cm breite Streifen schneiden. Frühlingszwiebeln putzen, waschen und schräg in ca. 2 cm große Stücke schneiden. Seitan längs halbieren, dann quer in Scheiben schneiden. Petersilie waschen, trocken tupfen, Blättchen abzupfen und fein hacken.

3   1 EL Öl in einer beschichteten Pfanne erhitzen. Seitan darin von beiden Seiten bei mittlerer Hitze 2 Min. goldbraun braten. Herausnehmen. Restliches Öl in die Pfanne geben, erhitzen. Paprika und Frühlingszwiebeln darin bei mittlerer Hitze unter Rühren ca. 8 Min. braten. Ajvar und Schlagsahne einrühren und aufkochen. Seitan zugeben und darin erhitzen. Mit Salz und Pfeffer würzen.

4   Erbsen 3 Min. vor Garzeitende zum Reis geben und mitgaren. Abgießen und abtropfen lassen. Risi bisi und Seitangulasch anrichten.

variante Das Gulasch lässt sich auch mit der gleichen Menge Tofu zubereiten. Natur-Tofu vor dem Anbraten mit Salz und Pfeffer würzen und wie oben beschrieben weiter verarbeiten.

vollkornreis in seiner naturbelassenen Form hat eine recht lange Garzeit (40–45 Min.). Schneller und fast ebenso nährstoffreich ist parboiled Vollkornreis. Hier werden ca. 80% der in den Randschichten enthaltenen Vitamine und Mineralstoffe in einem Dampfdruckverfahren in das Reiskorn gedrückt. Die Garzeit verkürzt sich um etwa die Hälfte.

pizza
mit ziegenfrischkäse & honig

AUS VOLLKORNMEHL GEBACKEN UND RAFFINIERT BELEGT

200 g Weizenmehl (Typ 1050)
½ Päckchen Trockenhefe
Salz
2 EL Olivenöl
2 Tomaten (ca. 200 g)
1 rote Zwiebel
Pfeffer
1 TL getrockneter Oregano
200 g Ziegenfrischkäserolle
1 EL flüssiger Honig oder
  Ahornsirup
rosa Pfeffer zum Bestreuen
Fett für das Blech

**Zubereitung: 25 Min. |
Gehen: 50 Min. | Backen: 20 Min.
Pro Portion: 795 kcal, 30 g EW,
38 g F, 80 g KH**

1   Mehl, Hefe, 100 ml lauwarmes Wasser, ½ TL Salz und Öl mit den Knethaken des Handrührgerätes zu einem glatten Teig verkneten. Zugedeckt an einem warmen Ort ca. 50 Min. gehen lassen.

2   Backofen auf 220 ° vorheizen. Tomaten waschen und in dünne Scheiben schneiden, dabei den Stielansatz entfernen. Zwiebel schälen und in feine Ringe schneiden.

3   Teig noch mal kurz durchkneten und auf dem gefetteten Backblech dünn zu einem Fladen (30–35 cm groß) ausrollen. Tomatenscheiben und Zwiebel auf dem Teig verteilen. Mit Salz, Pfeffer und Oregano würzen. Ziegenfrischkäse gleichmäßig über der Pizza zerbröckeln. Mit Honig oder Ahornsirup beträufeln.

4   Pizza im heißen Ofen ca. 20 Min. (Mitte, Umluft 190°) backen. Fertige Pizza mit rosa Pfeffer bestreuen.

variante bunte gemüsepizza

200 g Weizenmehl (Typ 1050) | ½ Päckchen Trockenhefe | Salz |
2 EL Olivenöl | 1 rote Zwiebel | 1 kleine Zucchini (ca. 100 g) |
150 g Champignons | 2 EL rotes Pesto (aus dem Glas) | 50 g mittelalter Gouda

**Zubereitung: 25 Min. | Gehen: 50 Min. | Backen: 20 Min.
Pro Portion: 580 kcal, 24 g EW, 21 g F, 74 g KH**

Pizzateig wie oben beschrieben zubereiten. Zwiebel schälen und in dünne Spalten oder Ringe schneiden. Zucchini putzen, waschen und in dünne Scheiben schneiden. Champignons putzen, nach Bedarf mit einem Tuch abreiben und in Scheiben schneiden. Teig ausrollen und mit Pesto bestreichen. Gemüse darauf verteilen und mit geriebenem Käse bestreuen. Wie oben beschrieben backen.

AUBERGINEN-PAPRIKA-NUDELN

tagliatelle in spinatsauce

AUFGEPEPPT MIT GERÖSTETEN PINIENKERNEN

500 g Blattspinat oder 250 g TK-Blattspinat
250 ml Gemüsebrühe
200 g Tagliatelle | Salz
2 EL Pinienkerne
1 Bio-Zitrone
1 Zwiebel | 1 Knoblauchzehe
1 EL Butter | 1 TL Mehl
100 g Schlagsahne
Zubereitung: 30 Min.
Pro Portion: 660 kcal, 19 g EW, 28 g F, 93 g KH

1   Spinat putzen, waschen und abtropfen lassen. 100 ml Brühe und Spinat in einen Topf geben und unter Rühren bei mittlerer Hitze zusammenfallen lassen. TK-Spinat nach Packungsanweisung garen.

2   Nudeln in kochendem Salzwasser nach Packungsanweisung bissfest kochen.

3   Pinienkerne in einer Pfanne ohne Fett goldbraun rösten. Herausnehmen, abkühlen lassen. Zitrone heiß waschen, trocken reiben und die Schale fein abreiben. Eine halbe Zitrone auspressen. Zwiebel und Knoblauch schälen und in feine Würfel schneiden.

4   Butter in einem Topf erhitzen, Zwiebel und Knoblauch darin bei mittlerer Hitze andünsten. Mehl darüberstäuben und kurz anschwitzen. Unter Rühren mit restlicher Brühe und Sahne ablöschen. Zitronenschale und 1–2 TL Zitronensaft zugeben. Aufkochen und bei mittlerer Hitze ca. 3 Min. köcheln lassen.

5   Frischen Blattspinat ausdrücken und in die Zitronensauce rühren. Mit Salz und Pfeffer würzen. Nudeln abgießen, abtropfen lassen und mit der Spinat-Zitronensauce vermengen. Abschmecken. Mit Pinienkernen bestreuen.

auberginen-paprika-nudeln

RAFFINIERT MIT RICOTTA UND FENCHEL

200 g Bandnudeln
Salz
1 mittelgroße Aubergine (ca. 250 g)
1 rote Paprikaschote (ca. 200 g)
1 Knoblauchzehe | 1 Zwiebel
4 Stiele glatte Petersilie
3 EL Olivenöl
½ TL Fenchelsamen
½ TL getrockneter Thymian
Pfeffer
1 EL Tomatenmark
100 ml Gemüsebrühe
2 EL Ricotta
Zubereitung: 35 Min.
Pro Portion: 580 kcal, 17 g EW, 20 g F, 82 g KH

1   Nudeln in kochendem Salzwasser nach Packungsanweisung bissfest kochen.

2   Aubergine waschen, putzen, längs vierteln, dann in 5 mm dünne Scheiben schneiden. Paprika halbieren, putzen, waschen und in mundgerechte Stücke schneiden. Knoblauch schälen und in dünne Scheiben schneiden. Zwiebel schälen und in Ringe schneiden. Petersilie waschen, trocken tupfen. Blättchen abzupfen und hacken.

3   Öl, Gemüse, Zwiebel, Knoblauch, Fenchelsamen, Thymian, Salz und Pfeffer gut vermengen. In einer heißen Pfanne unter Rühren ca. 10 Min. bei mittlerer Hitze dünsten. Tomatenmark unter das Gemüse rühren und mit Brühe ablöschen. Aufkochen.

4   Nudeln abgießen, abtropfen lassen und unter das Gemüse heben. Mit Salz und Pfeffer abschmecken. Nudeln portionieren, je 1 EL Ricotta daraufgeben. Mit Petersilie bestreuen.

FISCH UND MEERESFRÜCHTE

Ob zart gebratene Filets, edle Garnelen oder saftig gedünstete Koteletts – Fisch wird bei den Deutschen immer beliebter. Und das ist kein Wunder, denn er lässt sich auch sehr vielseitig und abwechslungsreich zubereiten. Aber nicht nur das: Er ist kalorienarm, enthält leicht verdauliches Eiweiß und gesunde Omega-3-Fettsäuren

fischsuppe
mit safran und tomaten

KÖSTLICH MIT SELBST GEKOCHTEM FISCHFOND

1,5 kg Fischkarkassen
 (beim Fischhändler vorbestellen
 und zerkleinern lassen)
1 kleine Stange Lauch (ca. 100 g)
2 Stangen Staudensellerie
1 Zwiebel | 1 Knoblauchzehe
2 Gewürznelken
5 weiße Pfefferkörner
2 Pimentkörner | 1 Lorbeerblatt
300 ml trockener Weißwein
100 g dünne Möhren
1 kleine Fenchelknolle
200 g vorwiegend festkochende
 Kartoffeln
1 große Tomate
400 g Fischfilet (z. B. Seelachs
 und Kabeljau)
4 frische rohe Riesengarnelen mit
 Schale (à ca. 40 g)
3 EL Olivenöl
Salz
½ Döschen Safranfäden (0,05 g)
Cayennepfeffer
1 Zweig Thymian
Zubereitung: 1 Std. 45 Min.
Pro Portion: 505 kcal, 47 g EW,
16 g F, 21 g KH

1   Fischkarkassen gründlich unter fließend kaltem Wasser waschen. Lauch und Staudensellerie putzen, waschen und in grobe Stücke schneiden. Zwiebel und Knoblauch schälen, grob hacken. Vorbereitete Zutaten und Gewürze in einen weiten Topf geben. 250 ml Wein und 1,5 l Wasser zugießen. Langsam aufkochen und ca. 20 Min. leise köcheln lassen. Dabei regelmäßig abschäumen.

2   Möhren und Fenchel putzen, waschen und in dünne Scheiben schneiden. Kartoffeln schälen, waschen und längs halbieren. Kartoffelhälften in dünne Scheiben schneiden. Tomate waschen, vierteln und dabei den Stielansatz und die Kerne entfernen.

3   Fischfilet waschen, trocken tupfen und in Würfel schneiden. Garnelen waschen und trocken tupfen. Den Fond langsam durch ein, mit einem Mulltuch ausgelegtes, feines Sieb in einen Topf gießen.

4   Öl in einem Topf erhitzen. Garnelen darin bei starker Hitze ca. 2 Min. anbraten. Herausnehmen. Kartoffeln, Möhren und Fenchel im heißen Bratöl ca. 5 Min. bei mittlerer Hitze anbraten. Mit Salz, Safran, Cayennepfeffer und Thymian würzen. ½ l Fischfond und restlichen Wein zugießen, aufkochen und ca. 15 Min. köcheln lassen. Nach ca. 10 Min. Tomaten, Fisch und Garnelen zugeben und ca. 5 Min. mitgaren.

5   Suppe mit Salz und Cayennepfeffer abschmecken. Restlichen Fond erkalten lassen und portionsweise einfrieren (z. B. für das Rezept auf Seite 78/79 verwenden).

tipp Wenn es schnell gehen soll, verwenden Sie einfach einen fertigen Fischfond aus dem Glas (gibt es in großen Supermärkten). Dann erst ab Punkt 2 mit dem Kochen beginnen.

CALAMARI-PAPRIKA-PFANNE

lachs-brötchen mit schmand

IDEAL FÜR EINE PARTY

50 g Rucola
100 g Salatgurke
1 EL Weißweinessig
Salz | Pfeffer
1 TL flüssiger Honig
1 EL Rapsöl
½ Bund Schnittlauch
2 EL Schmand
abgeriebene Schale von ½ Bio-Zitrone
3 Mehrkorn-Toastbrötchen (à 50 g)
6 dünne Scheiben Räucherlachs (ca. 100 g)
½ Beet Kresse
Zubereitung: 35 Min.
Pro Portion: 430 kcal, 23 g EW, 19 g F, 42 g KH

1 Rucola verlesen, waschen und trocken tupfen. Gurke schälen, längs halbieren, entkernen und in feine Würfel schneiden.

2 Essig, Salz, Pfeffer und Honig verrühren. Öl unterrühren. Rucola, Gurke und Vinaigrette vermengen. Schnittlauch waschen, trocken tupfen und in Röllchen schneiden. Schmand und abgeriebene Zitronenschale verrühren, mit Salz und Pfeffer würzen.

3 Brötchenhälften vorsichtig trennen und in einem Toaster goldbraun rösten, etwas abkühlen lassen. Zitronenschmand auf den Brötchenhälften verteilen und mit Räucherlachs belegen. Rucolasalat darauf verteilen. Kresse vom Beet schneiden und die Brötchen damit garnieren.

calamari-paprika-pfanne

URLAUBSKÜCHE VOM FEINSTEN

8 kleine küchenfertige Calamari-Tuben
  (ca. 500 g frisch oder TK)
je 1 gelbe und rote Paprikaschote (ca. 400 g)
100 g Kirschtomaten
2 Knoblauchzehen
3 EL Olivenöl
Salz | Pfeffer
1 Bio-Zitrone
½ Bund glatte Petersilie
Zubereitung: 40 Min.
Pro Portion: 366 kcal, 43 g EW, 18 g F, 7 g KH

1 Calamari-Tuben waschen und trocken tupfen. Paprikaschoten halbieren, weiße Trennwände und die Kerne entfernen. Paprika waschen und in kleine Würfel schneiden. Tomaten waschen, halbieren und nach Wunsch die Stielansätze entfernen. Knoblauch schälen und in dünne Scheiben schneiden.

2 Öl in einer beschichteten Pfanne erhitzen. Calamari darin bei mittlerer Hitze 2–3 Min. anbraten. Paprika, Tomaten und Knoblauch zugeben. Mit Salz und Pfeffer würzen. Unter gelegentlichem Rühren offen ca. 10 Min. schmoren lassen.

3 Zitrone heiß waschen und trocken reiben. Zitrone halbieren. 1 Hälfte in dünne Scheiben schneiden, andere Hälfte auspressen. Petersilie waschen, trocken tupfen, Blättchen abzupfen und grob hacken. Zitronensaft und Petersilie zu den Calamari geben. Zitronenscheiben unterheben. Mit Salz und Pfeffer würzen. Dazu schmeckt Baguette.

reis-krabben-salat mit avocado

HONIG UND SENF SORGEN FÜR FINESSE

150 g Vollkornreis (s. Seite 63)
Salz
1 Avocado
1 rotschaliger Apfel (z. B. Elstar)
2 Frühlingszwiebeln
5 Stiele Dill
2 Stiele glatte Petersilie
2 EL Weißweinessig
100 ml warme Gemüsebrühe
1 TL flüssiger Honig
1 EL körniger Senf
Pfeffer
3 EL Rapsöl
150 g Tiefseekrabbenfleisch
Zubereitung: 30 Min.
Pro Portion: 770 kcal, 22 g EW, 45 g F, 68 g KH

1   Reis in kochendem Salzwasser nach Packungs-anweisung garen.

2   Avocado längs halbieren, schälen und den Stein entfernen. Fruchtfleisch in kleine Würfel schneiden. Apfel waschen, vierteln, entkernen und das Frucht-fleisch in feine Würfel schneiden. Frühlingszwiebeln putzen, waschen und in feine Ringe schneiden. Dill und Petersilie waschen, trocken tupfen, Blättchen ab-zupfen und fein hacken.

3   Reis abgießen, kalt abspülen und gut abtropfen lassen. Essig, Brühe, Honig, Senf, Salz und Pfeffer ver-rühren. Öl unterrühren.

4   Avocado- und Apfelwürfel, Frühlingszwiebeln, Kräuter, Reis und Vinaigrette vermengen. Krabben un-terheben und den Salat kurz ziehen lassen. Mit Salz und Pfeffer abschmecken. Dazu schmeckt Schwarz-brot oder Pumpernickel.

rote bete-salat mit räucherfisch

MIT WÜRZIGER KRÄUTERVINAIGRETTE

4 Rote Beten (à ca. 180 g) | Salz
1 rote Zwiebel
2 EL Rotweinessig | Pfeffer
1 TL geriebener Meerrettich (aus dem Glas)
1 EL Apfeldicksaft oder flüssiger Honig
100 ml Gemüsebrühe
3 EL Rapsöl
½ Bund Petersilie
½ Bund Schnittlauch
200 g geräuchertes Forellenfilet
1 Frühlingszwiebel
Zubereitung: 25 Min. | Garen: 1 Std. 30 Min. |
Marinieren: 30 Min
Pro Portion: 390 kcal, 25 g EW, 19 g F, 30 g KH

1   Rote Beten waschen und mit Schale in kochen-dem Salzwasser ca. 1 Std. 30 Min. garen.

2   Inzwischen Zwiebel schälen, halbieren und in feine Ringe schneiden. Essig, Zwiebel, Salz, Pfeffer, Meerrettich, Apfeldicksaft oder Honig und Brühe ver-rühren. Öl unterrühren. Kräuter waschen und trocken tupfen. Petersilienblättchen abzupfen und hacken, Schnittlauch in Röllchen schneiden. Kräuter unter die Vinaigrette rühren.

3   Rote Beten abgießen, unter kaltem Wasser ab-schrecken und schälen. Zuerst in 1 cm dicke Schei-ben, dann in Würfel schneiden. Mit der Hälfte der Vin-aigrette vermengen und ca. 30 Min. marinieren.

4   Salat mit Salz und Pfeffer abschmecken. Das ge-räucherte Forellenfilet in Stücke zerteilen und auf dem Salat verteilen. Restliche Vinaigrette darüberge-ben. Frühlingszwiebel putzen, waschen, in dünne Rin-ge schneiden und auf dem Salat verteilen. Dazu schmeckt Krustenbrot.

REIS-KRABBEN-SALAT MIT AVOCADO

rote bete

Die Knollen haben einen erdig-süß-lichen Geschmack und die rote Farbe dank dem Farbstoff Betanin. Außerdem enthält Rote Bete Vita-min B, Kalium, Eisen, Folsäure, Mangan und sekundäre Pflanzen-stoffe. Sie wirkt blutreinigend, regt den Stoffwechsel an und hat eine entzündungshemmende Wirkung. Beim Schälen sollte man Hand-schuhe tragen, so bleiben die Hän-de sauber. Für eilige Köche gibt es in den Gemüseabteilungen ge-garte, vakuumierte Rote Bete.

ROTE BETE-SALAT MIT RÄUCHERFISCH

fischfilet
auf ratatouillegemüse

FRANZÖSISCH INSPIRIERT

1 rote Paprika (ca. 200 g)
1 mittelgroße Zucchini (ca. 250 g)
2 Tomaten (ca. 150 g)
1 rote Zwiebel
1 Knoblauchzehe
3 EL Olivenöl
1 TL getrocknete Kräuter
  der Provence
Salz | Pfeffer
2 TL Zitronensaft
400 g Fischfilet (z. B. Seelachs)
Pergamentpapier
Zubereitung: 20 Min. |
Garen: ca. 25 Min.
Pro Portion: 350 kcal, 40 g EW,
18 g F, 8 g

1   Backofen auf 200 ° vorheizen. Paprikaschote halbieren, die weißen Trennwände und Kerne entfernen. Paprika waschen und in kleine Würfel schneiden. Zucchini putzen, waschen und klein würfeln. Tomaten waschen, halbieren und dabei den Stielansatz entfernen. Fruchtfleisch in kleine Würfel schneiden. Zwiebel schälen und in feine Ringe schneiden. Knoblauch schälen und fein hacken.

2   Vorbereitete Zutaten, 2 EL Öl, getrocknete Kräuter, Salz, Pfeffer und 1 TL Zitronensaft vermengen. Pergamentpapier in 2 Stücke (50 cm x 30 cm) schneiden und das Gemüse darauf verteilen.

3   Fischfilet waschen, trocken tupfen und in zwei gleichgroße Stücke teilen. Mit 1 TL Zitronensaft, Salz und Pfeffer würzen und auf das Gemüse setzen. Das restliche Öl darüber träufeln. Papier über dem Fisch zusammenschlagen und an den Seiten verschließen. Auf ein Backblech setzen und im heißen Ofen (Mitte, Umluft 180°) 20-25 Min. garen.

4   Päckchen aus dem Ofen nehmen und jeweils auf einen Teller setzen. Vorsichtig öffnen. Dazu schmeckt Couscous.

tipp Für den Couscous 200 ml Gemüsebrühe aufkochen. 80 g Instant-Couscous mit heißer Brühe übergießen und ca. 5 Min. quellen lassen. Mit einer Gabel auflockern. Mit Salz und Pfeffer würzen. 1 EL Olivenöl unterrühren.

gästetipp Wenn Sie die Päckchen Gästen servieren möchten, einfach die doppelte Menge einkaufen. Dann 2 Std. bevor die Gäste kommen, die Zutaten auf 4 Päckchen verteilen, verschließen und bis zur Zubereitung im Kühlschrank aufbewahren. Dazu schmeckt die doppelte Menge Couscous (siehe Tipp) und eine gekühlte Weißweinschorle. Als Vorspeise eignet sich die einfache Menge Antipasti von Seite 43 und als Dessert die einfache Menge Kirsch-Crumble von Seite 130 mit je einer Kugel Vanilleeis.

mandelforellen
mit schmandkartoffeln

AROMAKICK DURCH PETERSILIE UND SCHNITTLAUCH

600 g vorwiegend festkochende
   Kartoffeln
5 Stiele glatte Petersilie
40 g kalte Butter
40 g gemahlene Mandeln
Salz | Pfeffer
1 Zwiebel
2 küchenfertige Forellen
   (à ca. 300 g)
150 ml Fischfond
   (Rezept s. Seite 70)
   oder Gemüsebrühe
100 g Schmand
1 Bund Schnittlauch
abgeriebene Schale und Saft
   von ½ Bio-Zitrone

Zubereitung: 30 Min. |
Garen: ca. 30 Min.
Pro Portion: 730 kcal, 42 g EW,
44 g F, 40 g KH

1   Backofen auf 200 ° vorheizen. Kartoffeln waschen und mit Schale in wenig Wasser geschlossen 20-25 Min. kochen. Petersilie waschen, trocken tupfen, Blättchen abzupfen und hacken. Butter, Mandeln, Petersilie, 1/2 TL Salz und Pfeffer verkneten. Zwiebel schälen und vierteln.

2   Forellen innen und außen waschen und trocken tupfen. Innen und außen mit Salz und Pfeffer würzen. Fische in eine flache Auflaufform legen. 1/3 der Mandelbutter in die Bauchhöhle der Fische geben, den Rest gleichmäßig auf den Fischen verteilen. Zwiebeln um die Forellen geben. Fond oder Brühe angießen. Im heißen Ofen (2. Schiene von unten, Umluft 180°) ca. 30 Min. backen.

3   Inzwischen Schmand, Salz und Pfeffer verrühren. Schnittlauch waschen, trocken tupfen und in kleine Röllchen schneiden. Schnittlauch, Zitronenschale und -saft unter den Schmand rühren.

4   Kartoffeln abgießen, abschrecken und pellen. Kartoffeln in Scheiben schneiden und mit dem Schmanddressing vermengen. Mit Salz und Pfeffer abschmecken. Forellen und Schmandkartoffeln anrichten.

tipp Die Mandelbutter können Sie auch für Fischfilet und sogar Fleisch (z. B. Rind-, Schweine- oder Lammfilet) verwenden. Dafür das Fleisch mit Salz und Pfeffer würzen und rundherum kräftig anbraten. Dann mit der Butter bestreichen und im heißen Ofen bei 200° je nach Dicke 5–15 Min. fertig braten.

BRATFISCH MIT KRÄUTERBUTTER

biofisch

Heutzutage leiden viele Fischbe-
stände an Überfischung und sollten dringend geschont werden.
Greifen Sie deshalb beim Kauf
zu Produkten mit Siegeln, die für
nachhaltige Fischerei stehen
(s. Seite 15). Verarbeiten Sie auch
öfter Süßwasserfische, wie Karpfen
oder Forelle. Ein- bis zweimal in der
Woche Fisch zu verzehren reicht,
um sich gesund und ausgewogen
zu ernähren.

FISCHKOTELETT MIT WEINSAUCE

bratfisch mit kräuterbutter

DIE BROKKOLI-WEIZENBEILAGE PASST PERFEKT

125 g vorgegarter Weizen (im Kochbeutel)
Salz
25 g Bärlauch oder gemischte Kräuter
40 g weiche Butter
Pfeffer
½ TL Zitronensaft
250 g Brokkoli
400 g Fischfilet (z. B. Seelachs)
Zubereitung: 45 Min.
Pro Portion: 550 kcal, 47 g EW, 19 g F, 47 g KH

1   Weizen in kochendem Salzwasser nach Packungsanweisung garen.

2   Bärlauch verlesen, waschen und sehr fein hacken. 30 g Butter, Salz, Pfeffer, einige Tropfen Zitronensaft und Bärlauch verrühren. Mit Salz und Pfeffer abschmecken. Bärlauchbutter kalt stellen.

3   Brokkoli putzen, waschen und in Röschen teilen. Den Stiel von den holzigen Teilen befreien und in Scheiben schneiden. Beides in einen Dämpfeinsatz geben. Etwas Wasser in einem Topf aufkochen und den Brokkoli über dem Dampf 5-6 Min. garen.

4   Inzwischen das Fischfilet waschen, trocken tupfen und in zwei gleich große Stücke schneiden. Mit Salz und Pfeffer würzen. Restliche Butter in einer beschichteten Pfanne erhitzen. Fischfilets darin bei mittlerer Hitze von jeder Seite 2–3 Min. braten.

5   Weizen abgießen. Mit dem Brokkoli vermengen und auf zwei Teller verteilen. Das Fischfilet darauflegen, die Bärlauchbutter auf das heiße Fischfilet geben und schmelzen lassen.

fischkotelett mit weinsauce

KRÄUTERFISCH DURCH SCHNITTLAUCH

2 Fischkoteletts (à ca. 200 g, z. B. Kabeljau)
Salz | Pfeffer
1 Möhre
1 Stange Staudensellerie
2 Stiele Petersilie
1 Frühlingszwiebel
200 ml Fischfond (s. Rezept Seite 70,
   oder aus dem Glas)
75 ml trockener Weißwein
1 Lorbeerblatt
2 EL Crème fraîche | 1 EL Mehl
½ Bund Schnittlauch
Zucker | einige Tropfen Zitronensaft
Zubereitung: 45 Min.
Pro Portion: 270 kcal, 38 g EW, 7 g F, 79 g KH

1   Fisch waschen und trocken tupfen. Mit Salz und Pfeffer würzen. Möhre putzen, schälen, waschen und in Scheiben schneiden. Sellerie putzen, waschen und klein schneiden. Petersilie waschen. Frühlingszwiebel putzen, waschen und in Ringe schneiden.

2   Gemüse, Petersilienstiele, Fond, Wein und Lorbeerblatt in einen Topf geben. Koteletts auf das Gemüse setzen. Alles aufkochen und geschlossen bei geringer Hitze 5-7 Min. gar ziehen lassen. Fisch herausnehmen, Gemüse in ein Sieb abgießen, Sud dabei in einem Topf auffangen.

3   Crème fraîche und Mehl verrühren. Sud aufkochen, Crème fraîche einrühren, aufkochen und die Sauce ca. 5 Min. unter Rühren köcheln lassen. Schnittlauch waschen, trocken tupfen, in feine Röllchen schneiden und zugeben. Mit Salz, Pfeffer, 1 Prise Zucker und Zitronensaft würzen. Fisch in die heiße Sauce geben und kurz erhitzen. Dazu schmecken Salzkartoffeln.

fischragout
mit spargel
VIEL AROMA DURCH ZITRONE UND KRÄUTER

500 g gemischte Fischfilets (z. B. Lachs, Seelachs
  oder Rotbarsch)
250 g grüner Spargel
2 Schalotten
100 g Zuckerschoten
2 EL Rapsöl
1 TL Mehl
300 ml Fischfond (s. Rezept Seite 70)
  oder Gemüsebrühe
5 EL Schlagsahne
Salz | Pfeffer
abgeriebene Schale und Saft ½ Bio-Zitrone
je 2 Stängel Minze und Basilikum
Zubereitung: 40 Min.
Pro Portion: 550 kcal, 52 g EW, 34 g F, 9 g KH

1   Fischfilets waschen, trocken tupfen und in Würfel
schneiden. Spargel schälen und die holzigen Enden
entfernen. Spargelstangen schräg in 3 Stücke schneiden. Schalotten schälen und in kleine Würfel schneiden. Zuckerschoten putzen, waschen und halbieren.

2   Öl in einem Topf erhitzen. Spargel, Schalotten
und Zuckerschoten hineingeben. Bei mittlerer Hitze,
geschlossen ca. 1 Min. dünsten. Gelegentlich wenden.
Mehl darüberstäuben und kurz anschwitzen. Unter
Rühren mit Fond oder Brühe und Sahne ablöschen.
Zitronenschale und -saft zugeben und aufkochen.
Ca. 3 Min. offen köcheln lassen.

3   Fisch mit Salz und Pfeffer würzen, zugeben und
in der heißen, leicht köchelnden Gemüsesauce ca.
3 Min. gar ziehen lassen. Kräuter waschen, trocken
tupfen, Blättchen abzupfen, hacken und unterheben.
Ragout mit Salz und Pfeffer abschmecken. Dazu
schmeckt Reis.

vollkornspaghetti
mit garnelen
DA WERDEN URLAUBSGEFÜHLE WACH

1 Stange Lauch (ca. 200 g)
1 Knoblauchzehe
2 Tomaten
3 Stiele glatte Petersilie
200 g Vollkornspaghetti
Salz
200 g geschälte, küchenfertige Garnelen
3 EL Olivenöl
Pfeffer
100 ml Fischfond (s. Rezept Seite 70)
  oder Gemüsebrühe
abgeriebene Schale und Saft von ½ Bio-Zitrone
Zubereitung: 30 Min.
Pro Portion: 600 kcal, 36 g EW, 20 g F, 69 g KH

1   Lauch putzen, waschen und in dünne Ringe
schneiden. Knoblauch schälen und fein hacken. Tomaten waschen, halbieren und den Stielansatz entfernen. Tomaten würfeln. Petersilie waschen, trocken
tupfen, Blättchen abzupfen und hacken.

2   Spaghetti in kochendem Salzwasser nach Packungsanweisung bissfest garen.

3   Garnelen waschen und trocken tupfen. 1 EL Öl in
einer beschichteten Pfanne erhitzen und den Lauch
darin 4–5 Min. unter Rühren bei mittlerer Hitze dünsten. Mit Salz und Pfeffer würzen. Herausnehmen und
zur Seite stellen.

4   Restliches Öl in die Pfanne geben, erhitzen und
die Garnelen darin bei starker Hitze 2–3 Min. braten.
Knoblauch zugeben und mit Salz und Pfeffer würzen.
Lauch, Tomaten, Fond, Zitronenschale und -saft zugeben und aufkochen. Nudeln abgießen, in die Pfanne
geben und alles mischen. Mit Salz und Pfeffer würzen.
Mit Petersilie bestreuen.

FISCHRAGOUT MIT SPARGEL

GEFLÜGEL

Mageres Puten- und Hähnchenfleisch ist aus einer gesunden
und genussvollen Ernährung gar nicht wegzudenken. Es lässt sich
problemlos zubereiten, vielseitig würzen und schmeckt gebraten,
gekocht und in einer Suppe. Wer ganz fettarm essen möchte,
entfernt die Haut nach dem Garen.

GEWÜRZ-BACKHÄHNCHEN

gewürz-backhähnchen

MIT EINEM HAUCH ORIENT

1 küchenfertiges Hähnchen (ca. 1,2 kg)
Salz | Pfeffer
1 TL Koriandersamen
1 TL edelsüßes Paprikapulver
1 TL rosenscharfes Paprikapulver
1 TL getrockneter Oregano
2 Knoblauchzehen
1 EL Ketchup
2 EL Olivenöl
Alufolie
Küchengarn
Zubereitung: 25 Min. | Braten: 70 Min.
Pro Portion: 855 kcal, 90 g EW, 53 g F, 4 g KH

1   Backofen auf 200° vorheizen. Hähnchen innen und außen waschen und gut trocken tupfen. Innen mit Salz und Pfeffer würzen.

2   Für die Gewürzmischung Koriandersamen im Mörser zermahlen, mit gesamtem Paprikapulver und Oregano mischen. Knoblauch schälen, sehr fein hacken. Knoblauch, Ketchup, 1 TL Salz und Öl mit der Gewürzmischung verrühren.

3   Zwei große Stücke Alufolie gekreuzt in einen Bräter legen. Hähnchen daraufsetzen, die Keulen übereinanderlegen und mit Küchengarn zusammenbinden. Hähnchen mit der Gewürzpaste einstreichen und in Alufolie einschlagen, dabei fest verschließen.

4   Im Backofen (2. Schiene von unten, Umluft 180°) 70 Min. braten. Nach ca. 30 Min. Hähnchen aus dem Ofen nehmen, Alufolie öffnen und das Hähnchen mit dem entstandenen Bratensaft übergießen. Wieder in den Ofen schieben und offen (auf der Folie) fertig braten. Die Folie vor dem Servieren entfernen. Dazu schmecken Baguette und gemischter Salat.

hühnersuppe mit tortellini

RESTEVERWERTUNG MIT VIEL ABWECHSLUNG

1 Zwiebel
50 g geräucherter durchwachsener Speck
1 EL Öl
¾ l Hühnerbrühe oder Geflügelfond (aus dem Glas)
1 kleines Päckchen TK-Suppengrün (50 g)
250 g kaltes Hähnchenfleisch (vom Vortag)
150 g TK-Erbsen
200 g Tortellini (aus dem Kühlregal)
Salz | Pfeffer
1 Msp. abgeriebene Schale von 1 Bio-Zitrone
½ Bund Schnittlauch | 2 Stiele Basilikum
Zubereitung: 20 Min.
Pro Portion: 620 kcal, 44 g EW, 30 g F, 40 g KH

1   Zwiebel schälen und fein würfeln. Speck fein würfeln. Öl in einem Topf erhitzen, Speck und Zwiebel darin anbraten. Brühe oder Fond und Suppengrün zugeben, aufkochen und ca. 10 Min. köcheln lassen.

2   Fleisch klein schneiden. Erbsen und Tortellini nach 8 Min. in die Suppe geben. Mit Salz, Pfeffer und Zitronenschale würzen. Aufkochen und fertiggaren.

3   Kräuter waschen und trocken tupfen. Schnittlauch in Röllchen schneiden. Basilikumblättchen abzupfen und in Streifen schneiden. Fleisch in die Suppe geben und kurz erhitzen. Mit Salz und Pfeffer abschmecken. Kräuter darüber streuen.

variante clubsandwich

4 Baconscheiben knusprig auslassen. Hähnchenfleisch (vom Vortag) dünn aufschneiden. 4 Toastscheiben im Toaster rösten und dünn mit 1 TL Salatcreme und 1 TL körnigem Senf bestreichen. Dann mit Bacon, Salatblättern, Tomatenscheiben und Fleisch belegen. Mit Salz und Pfeffer würzen.

entenragout
zu hirsetalern

AROMATISCH IN ENTENFOND GESCHMORT

400 ml Gemüsebrühe | 125 g Hirse
1 Entenbrustfilet (ca. 450 g)
2 Möhren | 1 kleine Stange Lauch
80 g Knollensellerie
1 Knoblauchzehe
Salz | Pfeffer | 1 Lorbeerblatt
½ TL getrockneter Thymian
200 ml trockener Rotwein
   (z. B. Chianti classico)
150 ml Entenfond (aus dem Glas)
   oder Hühnerbrühe
1 Ei (Größe M)
1–2 EL Speisenstärke
30 g frisch geriebener Parmesan
frisch geriebene Muskatnuss
2 EL Öl
Petersilie (nach Belieben)
Zubereitung: 50 Min. |
Schmoren: 45 Min.
Pro Portion: 890 kcal, 70 g EW,
30 g F, 60 g KH

1   Brühe mit der Hirse aufkochen und bei mittlerer Hitze 10–12 Min. köcheln lassen. Vom Herd nehmen, auskühlen lassen.

2   Entenbrust waschen, trocken tupfen. Die fette Hautschicht mit einem scharfen Messer vorsichtig entfernen, dabei nicht in das Fleisch schneiden. Die Haut klein schneiden. Das Fleisch in ca. 1 cm große Würfel schneiden. Gemüse putzen, schälen, waschen und fein würfeln. Knoblauch schälen und hacken.

3   Entenhaut in einen Topf geben und bei starker Hitze auslassen. Grieben herausnehmen. Fett bis auf 2 EL abgießen. Fleischwürfel in dem heißen Fett unter Rühren anbraten. Gemüse und Knoblauch zugeben und kurz mitbraten. Mit Salz und Pfeffer würzen. Lorbeerblatt, Thymian, Wein und Fond oder Brühe zugeben. Aufkochen und bei mittlerer Hitze geschlossen ca. 45 Min. zugedeckt schmoren lassen.

4   Inzwischen Hirse, Ei, Stärke, Parmesan und Muskat verkneten. Mit angefeuchteten Händen 6 Taler formen, etwas flachdrücken. Öl in einer beschichteten Pfanne erhitzen. Taler 10 Min. unter Wenden bei mittlerer Hitze goldbraun braten. Entenragout und Hirsetaler anrichten. Nach Wunsch mit glatter Petersilie garnieren.

grünkernsalat mit putenfleisch

PAPRIKA MACHT DEN SALAT SCHÖN KNACKIG

400 g Putenschnitzel
1 EL flüssiger Honig
1 EL mittelscharfer Senf
1 TL Tomatenmark
1 Msp. Pul Biber oder Chiliflocken
Salz | Pfeffer
2 EL Rapsöl
150 g grober Grünkernschrot
450 ml Geflügelbrühe
1 große gelbe Paprikaschote
1 rote Zwiebel
3 TL Weißweinessig
Zubereitung: 20 Min.
Pro Portion: 625 kcal, 60 g FW, 15 g F, 61 g KH

1   Putenschnitzel waschen, trocken tupfen und in breite Streifen schneiden. Honig, Senf, Tomatenmark und Pul Biber oder Chiliflocken, Salz und Pfeffer verrühren. Putenstreifen untermischen, kalt stellen.

2   1 EL Öl in einem Topf erhitzen. Grünkernschrot zugeben und unter Rühren rösten, bis er anfängt zu duften. Brühe zugießen und im geschlossenen Topf bei mittlerer Hitze unter gelegentlichem Rühren 15 Min. köcheln lassen.

3   Paprika putzen, waschen und in kleine Würfel schneiden. Zwiebel schälen und fein würfeln. Grünkern vom Herd nehmen. Paprika- und Zwiebelwürfel unterheben und abkühlen lassen.

4   Restliches Öl in einer beschichteten Pfanne erhitzen. Putenstreifen darin 5-6 Min. bei mittlerer Hitze unter Rühren goldbraun braten. Mit 1 TL Essig, Salz und Pfeffer abschmecken. Restlichen Essig und 1 EL heißes Wasser verrühren, zum Fleisch geben, alles gut mischen. Grünkernsalat und Geflügel anrichten.

putenschnitzel »caprese«

MIT MOZZARELLA ITALIENISCH ÜBERBACKEN

1 Zwiebel | 1 Knoblauchzehe
2 Fleischtomaten
2 Putenschnitzel (à ca. 150 g)
2 EL Olivenöl
Salz | Pfeffer
125 g Mozzarella
1 EL Pinienkerne
1 TL Aceto balsamico
3–4 Stiele Basilikum
Zubereitung: 35 Min.
Pro Portion: 465 kcal, 50 g EW, 27 g F, 5 g KH

1   Zwiebel und Knoblauch schälen. Zwiebel in feine Spalten, Knoblauch würfeln. Tomaten waschen, in Scheiben schneiden und Stielansätze dabei entfernen.

2   Putenschnitzel waschen, trocken tupfen. 1 EL Öl in einer beschichteten Pfanne erhitzen. Fleisch darin bei mittlerer Hitze von beiden Seiten 2–3 Min. goldbraun braten. Mit Salz und Pfeffer würzen. Herausnehmen und in eine flache Auflaufform legen.

3   Restliches Öl in der heißen Pfanne erhitzen. Zwiebel und Knoblauch darin kurz andünsten, Tomatenscheiben dazugeben und kurz von beiden Seiten anbraten. Mit Salz und Pfeffer würzen. Die Pfanne vom Herd nehmen.

4   Mozzarella abtropfen lassen und in Scheiben schneiden. Tomaten, Mozzarella und Pinienkerne auf die Schnitzel verteilen. Unter dem heißen Backofengrill (oben) 3–5 Min. überbacken.

5   Basilikum waschen, trocken tupfen, Blättchen abzupfen und grob hacken. Putenschnitzel aus dem Ofen nehmen, mit Balsamico Essig beträufeln und mit Basilikum bestreuen. Dazu schmeckt Ciabatta.

PUTENSCHNITZEL »CAPRESE«

grünkern

Er wird aus unreif geerntetem Dinkel hergestellt. Durch die sogenannte Trocknung, das »Darren«, bei über 100 Grad, entstehen Röstkaramellstoffe, die ihm den einzigartigen würzig, nussigen Geschmack verleihen. Grünkern ist im Ganzen oder geschrotet in gut sortierten Supermärkten und in Bioläden erhältlich. Grünkern enthält mehr wertvolles Eiweiß, mehr Vitamine und Mineralstoffe als beispielsweise Weizen.

GRÜNKERNSALAT MIT PUTENFLEISCH

SATÉ-SPIESSE MIT KARTOFFELSALAT

saté-spieße
mit kartoffelsalat
SCHAFSKÄSE GIBT DEM SALAT DIE WÜRZE

750 g festkochende Kartoffeln
100 g weiße Champignons | 1 Zwiebel
3 EL Rapsöl
Salz | Pfeffer
50 g Rucola
100 ml Hühnerbrühe
2 EL Weißweinessig
300 g Hähnchenbrustfilet
1 EL süßer Senf
50 g Schafskäse
2 Schaschlikspieße
Zubereitung: 40 Min.
Pro Portion: 590 kcal, 44 g EW, 24 g F, 47 g KH

1   Kartoffeln waschen und mit Schale in wenig Salzwasser geschlossen 20–25 Min. garen. Pilze putzen,
bei Bedarf mit einem Tuch abreiben und in dünne
Scheiben schneiden. Zwiebel schälen und fein würfeln. 1 EL Öl in einer Pfanne erhitzen. Zwiebel und
Pilze dazugeben und 2–3 Min. braten. Mit Salz und
Pfeffer würzen.

2   Rucola waschen, trocken tupfen und grob hacken. Kartoffeln abgießen, kalt abschrecken und pellen. Kartoffeln in Scheiben schneiden. Brühe, Essig,
Salz und Pfeffer verrühren. Über die Kartoffeln geben.

3   Hähnchenbrustfilet waschen und trocken tupfen.
Fleisch längs in dünne Streifen schneiden und zieh-
harmonikaartig auf Spieße stecken. Restliches Öl in
einer beschichteten Pfanne erhitzen. Spieße darin
8–10 Min. braten. Mit Salz und Pfeffer würzen. Fleisch
mit Senf bestreichen, in der Pfanne kurz schwenken.

4   Rucola und Pilze unter den Kartoffelsalat heben.
Mit Salz und Pfeffer abschmecken. Schafskäse zerbröckeln und über den Salat verteilen. Alles anrichten.

geflügelsalat
mit spargel
KNACKIGE FRISCHE DIREKT VOM FELD

400 g Hähnchenbrustfilet
1 Zwiebel | 1 kleine Stange Lauch (ca. 150g)
5 schwarze Pfefferkörner | 1 Lorbeerblatt
Salz
400 g grüner Spargel
½ Bund Radieschen
3 Stiele Basilikum
2 EL Sherryessig (oder Weißweinessig)
1 EL flüssiger Honig
1 TL Salatmayonnaise
2 EL Rapsöl | Pfeffer
Zubereitung: 45 Min.
Pro Portion: 470 kcal, 49 g EW, 24 g F, 14 g KH

1   Hähnchenbrustfilet waschen, trocken tupfen.
Zwiebel schälen und vierteln. Lauch putzen, waschen
und in grobe Stücke schneiden. Zwiebel, Lauch, Pfefferkörner und Lorbeerblatt mit 1 l Wasser in einem
Topf aufkochen. 1 TL Salz und das Fleisch zugeben.
Kurz aufkochen, dann bei mittlerer Hitze ca. 10 Min.
geschlossen köcheln lassen.

2   Spargel waschen, Enden abschneiden. Die Stangen zur Hälfte schälen und in ca. 4 cm lange Stücke
schneiden. Radieschen putzen, waschen und in dünne Scheiben schneiden. Basilikum waschen, trocken
tupfen, Blättchen abzupfen und grob hacken.

3   Fleisch aus der Brühe nehmen. Brühe durch ein
Sieb in einen Topf gießen. Kurz aufkochen, Spargel-
stücke dazugeben und bei mittlerer Hitze 3–4 Min.
garen. Abgießen und abtropfen lassen.

4   Essig, Honig, Mayonnaise, Öl, Salz und Pfeffer
verrühren. Fleisch in Stücke schneiden. Spargel,
Fleisch, Radieschen und Basilikum mischen. Mit Salz
und Pfeffer abschmecken.

gänseschenkel
mit orangen-rotkohl

FESTLICHES FÜR ZWEI

2 Gänseschenkel (à ca. 400 g)
2 Zwiebeln | 1 Knoblauchzehe
Salz | 2 Lorbeerblätter
5 Pimentkörner
3 Zweige Thymian
500 g Rotkohl | 3 EL Öl
Pfeffer | 1 Msp. gemahlene Nelken
250 ml Gemüsebrühe
50 ml roter Portwein
1 EL Balsamico Essig
1 EL flüssiger Honig
3 EL Orangensaft
1 EL Crème fraîche
Zubereitung: 1 Std. |
Braten: 30 Min.
Pro Portion: 810 kcal, 58 g EW,
52 g F, 20 g KH

1   Gänseschenkel in einen weiten Topf legen. Eine Zwiebel und Knob-lauch schälen. Zwiebel vierteln, Knoblauch halbieren. Schenkel mit ko-chendem Wasser begießen, bis sie bedeckt sind. Zwiebel, Knoblauch, 1 TL Salz, Lorbeerblätter, Piment und Thymian zugeben. Aufkochen und 1 Std. köcheln lassen.

2   Rotkohl putzen, waschen und in dünne Streifen schneiden. Zweite Zwiebel schälen und fein würfeln. Öl in einem Topf erhitzen und die Zwiebel darin andünsten. Kohl zugeben und unter Rühren kurz mit-dünsten. Mit Salz, Pfeffer und Nelken würzen. Brühe und Portwein zu-gießen, zugedeckt 45 Min. garen.

3   Backofen auf 200° vorheizen. Keulen aus dem Sud nehmen, ab-tropfen lassen und in eine flache Auflaufform legen. Den Sud durch ein Sieb gießen und 100 ml davon auffangen. Beiseitestellen. Essig und Honig verrühren und die Keulen mit etwa der Hälfte bestreichen. Keulen im heißen Ofen (2. Schiene von unten, Umluft 180°) ca. 20 Min. gold-braun braten. Nach 10 Min. mit restlicher Essigmischung bestreichen.

4   Rotkohl mit Orangensaft, Salz und Pfeffer abschmecken. Gänse-keulen aus dem Ofen nehmen. Bratensatz mit 100 ml Kochsud ablö-schen, Crème fraîche einrühren. Mit Salz und Pfeffer abschmecken. Sauce dazureichen.

gästetipp Für ein winterliches Festessen zu vier einfach die Zutaten verdoppeln und mit einem leichten Rotwein (z. B. ein Chian-ti oder Spätburgunder) servieren. Als Beilage schmecken die Voll-korn-Kräuterknödel von Seite 115. Wenn ihre Gäste gute Esser sind, sollte Sie die Zutaten für die Knödel besser verdoppeln. Vorweg pas-sen die gebackenen Rote Beten von Seite 46/47. Zum Abschluss harmoniert das Himbeersorbet mit Cassis von Seite 135.

hähnchen-tomatenragout mit basilikum

MIT OLIVEN UND KAPERN MEDITERRAN ANGEHAUCHT

400 g Hähnchenbrustfilet
1 Zwiebel
1 EL Kapern
10 schwarze Oliven (entsteint)
2 EL Öl
Salz | Pfeffer
100 ml Weißwein
1 Dose stückige Tomaten
  (400 g Füllmenge)
1 Bund Basilikum
1 Prise Zucker
Zubereitung: 30 Min.
Pro Portion: 440 kcal, 46 g EW,
18 g F, 11 g KH

1 Hähnchenbrustfilet waschen, trocken tupfen und in ca. 2 cm breite Streifen schneiden. Zwiebel schälen und fein würfeln. Kapern und Oliven fein hacken.

2 Öl in einer beschichteten Pfanne erhitzen, Fleisch in zwei Portionen bei starker Hitze unter Rühren ca. 5 Min. braten. Mit Salz und Pfeffer würzen, herausnehmen und beiseitestellen.

3 Zwiebeln in die noch heiße Pfanne geben und glasig dünsten. Mit Wein ablöschen. Tomaten, Oliven und Kapern dazu geben und 10 Min. bei geringer Hitze köcheln lassen. Inzwischen Basilikum waschen, trocken tupfen, Blättchen abzupfen und klein schneiden.

4 Fleisch zu der Tomatenmischung geben und kurz darin erwärmen. Basilikum unterheben und das Ragout zum Schluss mit Zucker, Salz und Pfeffer abschmecken. Dazu passen Bandnudeln.

variante mit curry und kokosmilch

150 g Chinakohl | 400 g Hähnchenbrustfilet | 1 Zwiebel | 2 EL Öl | Salz | Pfeffer | 200 ml Kokosmilch | 100 ml Brühe | 1 TL mildes Currypulver | 2 EL Mandelkerne | 3 Stiele Koriander | 1 TL flüssiger Honig
Zubereitung: 30 Min.
Pro Portion: 405 kcal, 45 g EW, 20 g F, 8 g KH

Chinakohl putzen waschen, in Streifen schneiden. Hähnchenfleisch wie oben beschrieben mit einer Zwiebel anbraten. Chinakohl kurz mitbraten. Fleisch, Kokosmilch, Brühe und Currypulver dazugeben. Aufkochen und ca. 5 Min. köcheln lassen. Mandeln in einer beschichteten Pfanne ohne Fett goldbraun rösten. Herausnehmen. Koriander waschen, trocken tupfen, Blättchen abzupfen und hacken. Das Hähnchenragout mit etwas Honig und Salz abschmecken. Mit Mandeln und Koriander bestreuen. Dazu schmeckt Basmatireis.

schaschlikhuhn aus dem ofen

GART AUF REICHLICH FRISCHEM GEMÜSE

400 g Süßkartoffeln oder vorwiegend
  festkochende Kartoffeln
150 g Möhren
1 große grüne Paprikaschote (ca. 300 g)
1 große rote Zwiebel
5 Stiele Majoran oder 1 TL getrockneter Majoran
4 EL Olivenöl
Salz | Pfeffer
400 g Hähnchenbrustfilet
Je 1 TL Paprika- und Tomatenmark
1 TL Weißweinessig
½ TL edelsüßes Paprikapulver
1 TL flüssiger Honig
1 Knoblauchzehe
200 ml Gemüsebrühe
Zubereitung: 25 Min. | Braten: 35 Min.
Pro Portion: 570 kcal, 48 g EW, 25 g F, 36 g KH

1   Backofen auf 200° vorheizen. Süßkartoffeln oder
Kartoffeln und Möhren putzen, waschen, schälen und
in ca. 1 cm dicke Scheiben schneiden. Paprika putzen,
waschen und in ca. 2 cm große Stücke schneiden.
Zwiebel schälen und grob würfeln. Majoran waschen,
trocken tupfen, Blättchen abzupfen und grob hacken.

2   2 EL Öl, Majoran, Süßkartoffeln, Möhren, Paprika
und Zwiebel vermengen. Mit Salz und Pfeffer würzen
und in eine Auflaufform geben.

3   Fleisch waschen, trocken tupfen, in 6 gleich große Stücke schneiden. Paprika- und Tomatenmark,
Essig, Paprikapulver und Honig verrühren. Knoblauch
schälen und dazupressen. Sauce mit Salz und Pfeffer
würzen. 2 EL Öl unterrühren und das Fleisch in der
Sauce wenden. Fleisch auf dem Gemüse verteilen. Im
Ofen (Mitte, Umluft 180°) ca. 35 Min. braten. Nach
20 Min. Brühe angießen und fertig garen.

hähnchenpfanne mit mangold

HERZHAFT-WÜRZIG DURCH KÄSE

150 g Nudeln (z. B. Penne)
Salz
500 g Mangold
300 g Hähnchenbrustfilet
1 Knoblauchzehe | 1 rote Zwiebel
2 EL Sonnenblumenkerne
2 EL Rapsöl | Pfeffer
1 TL Mehl | 200 ml Milch
100 g Schlagsahne
75 g geriebener mittelalter Gouda
1 EL Zitronensaft
Zubereitung: 40 Min.
Pro Portion: 900 kcal, 65 g EW, 52 g F, 69 g KH

1   Nudeln in gesalzenem Wasser nach Packungsanweisung bissfest garen. Mangold putzen, waschen
und in feine Streifen schneiden teilen. Mangold
3 Min. vor Garzeitende zu den Nudeln geben und
mitgaren.

2   Hähnchenbrustfilet waschen, trocken tupfen und
in ca. 3 cm große Würfel schneiden. Knoblauch und
Zwiebel schälen und in kleine Würfel schneiden.
Sonnenblumenkerne in einer beschichteten Pfanne
ohne Fett goldbraun rösten. Herausnehmen.

3   Öl in der heißen Pfanne erhitzen. Fleisch darin
bei starker Hitze unter Wenden 5 Min. goldbraun braten. Mit Salz und Pfeffer würzen. Zwiebel- und Knob-
lauchwürfel zugeben und kurz mitbraten. Mehl darüber stäuben und unter Rühren kurz anschwitzen.
Milch und Sahne unter Rühren zugießen. Geriebenen
Käse zugeben und alles unter Rühren aufkochen.

4   Nudeln und Mangold abgießen, abtropfen lassen
und unter das Fleisch heben. Kurz erhitzen. Mit Salz,
Pfeffer und Zitronensaft abschmecken. Vor dem Servieren mit den Sonnenblumenkernen bestreuen.

SCHASCHLIKHUHN AUS DEM OFEN

süßkartoffeln

Sie gehören neben Kartoffeln und Zuckermais, zu den einzigen Lebensmitteln die gleichzeitig Stärke und Vitamin C enthalten. Die orangefleischigen Süßkartoffeln enthalten auch reichlich Carotin und Vitamin E. Diese Vitamine sind sehr wichtig für die Sehkraft, die Haut und sie schützen die Zellen. Beim Einkauf von Süßkartoffeln auf eine feste pralle Schale achten und möglichst schnell verbrauchen. Übrigens, sie sind nicht mit unseren Speisekartoffeln verwandt.

HÄHNCHENPFANNE MIT MANGOLD

putenschnitzel in pilz-thymiansauce

HERRLICH AROMATISCHER GENUSS, IM NU GEZAUBERT

20 g getrocknete Steinpilze
100 ml Gemüsebrühe
400 g gemischte Pilze
   (z. B. Champignons, Pfifferlinge
   oder Kräutersaitlinge)
1 Zwiebel
2 Putenschnitzel (à ca. 150 g)
5 Zweige Thymian
   (z. B. Zitronenthymian)
2 EL Öl
Salz | Pfeffer
3 TL pflanzlicher Champignon-Auf-
   strich (aus dem Reformhaus)
1 TL Mehl
200 ml Milch
1 TL Zitronensaft
Zubereitung: 35 Min.
Pro Portion: 365 kcal, 46 g EW,
16 g F, 9 g KH

1   Steinpilze in der Brühe ca. 15 Min. einweichen. Pilze putzen, nach Bedarf mit einem Tuch abreiben und je nach Größe kleiner schneiden. Zwiebel schälen und fein würfeln. Putenschnitzel waschen, trocken tupfen. Thymian waschen, trocken tupfen, Blättchen abzupfen und hacken.

2   Öl in einer beschichteten Pfanne erhitzen. Schnitzel darin von jeder Seite bei starker Hitze 2–3 Min. goldbraun braten. Mit Salz und Pfeffer würzen und aus der Pfanne nehmen.

3   Frische Pilze in dem heißen Bratfett ca. 5 Min. bei starker Hitze unter Wenden braten. Zwiebel zugeben und kurz mitbraten. Mit Salz und Pfeffer würzen. Herausnehmen. Eingeweichte Steinpilze mit der Flüssigkeit in die Pfanne geben, Bratensatz ablösen und aufkochen lassen.

4   Aufstrich, Mehl und Milch verquirlen, zu den Pilzen geben und unter Rühren bei mittlerer Hitze aufkochen. Thymian zugeben und ca. 2 Min. köcheln lassen. Sauce mit Zitronensaft, Salz und Pfeffer abschmecken. Schnitzel samt entstandenem Bratensaft und Pilze in die Sauce geben und darin erwärmen. Dazu passt eine Wildreismischung.

variante estragon-weinsauce

1 Schalotte | ½ Bund Schnittlauch | 6 Stiele Estragon | 50 ml trockener Weißwein | 200 ml Hühnerbrühe | 5o g Schlagsahne | 2 Eigelb | 1 TL Zitronensaft | Salz | Pfeffer
Pro Portion: 170 kcal, 4 g EW, 14 g F, 3 g KH

Schalotte schälen und fein würfeln. Kräuter waschen, trocken tupfen. Schnittlauch in feine Röllchen schneiden. Estragonblättchen abzupfen, hacken. Schalotte im heißen Bratfett (siehe oben) bei mittlerer Hitze andünsten. Mit Wein, Brühe und Sahne ablöschen und aufkochen. Ca. 1 Min. köcheln lassen. 5 EL Sauce abnehmen und mit den Eigelben verrühren. Eigelbmischung zügig in die Sauce rühren und unter Rühren erhitzen (nicht kochen). Kräuter unterrühren. Mit Zitronensaft, Salz und Pfeffer abschmecken. Dazu schmecken feine Bandnudeln.

FLEISCH

Ein saftiges Steak, ein zartes Schnitzel oder ein Stück Schweinefilet – Fleisch enthält hochwertiges Eiweiß, reichlich Vitamine
und Mineralstoffe, die für unseren Körper lebensnotwendig sind.
Beim Einkauf sollten Sie aber ruhig öfter mal zu Bio greifen
und regionale Produkte bevorzugen. So bekommen Sie oft auch
ein Stück in besserer Qualität.

schweinefilet-gemüsepäckchen

SUPERPRAKTISCH, ALLES GART ZUSAMMEN IM BACKPAPIER

400 g kleine vorwiegend
   festkochende Kartoffeln
1 große Möhre
1 kleine Fenchelknolle
30 g getrocknete, in Öl eingelegte
   Tomaten
2 EL Olivenöl
½ TL getrockneter Thymian
1 Knoblauchzehe
Salz | Pfeffer
1 Schweinefilet (ca. 300 g)
5 EL trockener Weißwein
1 EL Mandelmus (Biomarkt)
Backpapier
Küchengarn
Zubereitung: 30 Min. |
Braten: 25–30 Min.
Pro Portion: 480 kcal, 38 g EW,
17 g F, 30 g KH

1   Backofen auf 200° vorheizen. Kartoffeln waschen und mit Schale in wenig Wasser geschlossen 20 Min. kochen. Inzwischen Möhre putzen, waschen, schälen und in feine Stifte hobeln oder schneiden. Fenchel putzen, waschen und in feine Streifen hobeln oder schneiden. Tomaten abtropfen lassen, Öl dabei auffangen. Tomaten hacken.

2   1 EL Öl und Thymian verrühren. Knoblauch schälen und durch eine Knoblauchpresse zum Öl drücken. Mit Salz und Pfeffer würzen. Schweinefilet rundherum mit dem Würzöl bestreichen.

3   Ein Stück Backpapier (ca. 38 x 50 cm) auf ein Backblech legen. In die Mitte das Gemüse und die gehackten Tomaten geben. Mit Tomatenöl beträufeln und mit Salz und Pfeffer würzen. Das Schweinefilet daraufsetzen und mit Wein beträufeln. Backpapier an beiden Seiten mit Küchengarn zubinden. Päckchen oben fest verschließen. Im Backofen (Mitte, Umluft 180°) 25–30 Min. garen.

4   Kartoffeln abgießen, kalt abschrecken und pellen. Restliches Öl in einer beschichteten Pfanne erhitzen. Kartoffeln darin bei mittlerer Hitze unter Rühren ca. 5 Min. goldbraun braten. Mit Salz und Pfeffer würzen. Mandelmus darüber träufeln und die Kartoffeln darin schwenken.

5   Schweinefilet herausnehmen, in dünne Scheiben schneiden und mit dem Gemüse und den Mandelkartoffeln anrichten.

tipp Das Mandelmus schmeckt wunderbar mit etwas Honig oder Konfitüre als Brotaufstrich. Auch zum Abschmecken von Salatsaucen und Desserts lässt es sich verwenden.

SCHWEINEFILET AUS DEM WOK

ASIATISCHER RINDFLEISCHSALAT

wok

Ein Wok ist ein besonders vielseitiges Küchengerät. Darin wird gebraten, gedämpft und frittiert. Am besten eignet er sich für zwei Personen. Denn in der asiatischen »Bratpfanne« können immer nur kleinere Mengen optimal gegart werden. Wenn auf einmal zu viele Zutaten in den Wok gegeben werden, geht die Temperatur zurück und Fleisch und Gemüse ziehen zu viel Saft und verlieren an Biss.

schweinefilet aus dem wok

MIT TYPISCH ASIATISCHEN GEWÜRZEN

1 Knoblauchzehe
½ rote Chilischote
1 walnussgroßes Stück Ingwer
1 rote Paprikaschote
3 Frühlingszwiebeln
1 mittelgroßer Kohlrabi
1 Schweinefilet (ca. 350 g)
2 EL Sonnenblumenöl
2–3 EL Sojasauce
3 EL Tomatenketchup
100 ml Fleischbrühe
3 Zweige Thai-Basilikum
Zubereitung: 30 Min.
Pro Portion: 370 kcal, 44 g EW, 15 g F, 13 g KH

1   Knoblauch schälen. Chili putzen, waschen und entkernen. Ingwer schälen. Alles fein hacken. Paprika putzen, waschen und in Streifen schneiden. Frühlingszwiebeln putzen, waschen und klein schneiden. Kohlrabi schälen und in dünne Stifte schneiden.

2   Schweinefilet in feine Streifen schneiden. 1 EL Öl in einem Wok oder einer Pfanne erhitzen und das Fleisch darin bei starker Hitze ca. 2 Min. unter Rühren braten. Knoblauch, Chili und Ingwer zugeben und kurz mitbraten. Fleisch mit 1 EL Sojasauce würzen und herausnehmen.

3   Restliches Öl im Wok erhitzen. Paprika, Kohlrabi und Frühlingszwiebeln darin unter Rühren bei mittlerer Hitze ca. 5 Min. braten.

4   Ketchup und Brühe verrühren und mit dem Fleisch zum Gemüse geben, aufkochen und ca. 2 Min. köcheln lassen. Mit 1–2 EL Sojasauce abschmecken. Basilikum waschen, trocken tupfen, Blättchen hacken und darüberstreuen. Dazu schmeckt Basmatireis.

asiatischer rindfleischsalat

SCHÖN KNACKIG MIT PAPRIKA & GURKE

1 EL Sesamsamen
2 Rumpsteaks (à ca. 200 g)
3 EL Sonnenblumenöl
Salz | Pfeffer
1 gelbe Paprikaschote
1 kleine Papaya
1 Mini-Salatgurke | 1 Schalotte
1 Mini-Römersalat
2 EL Essig (z. B. Rotweinessig)
1 EL Sojasauce
2 EL Orangensaft
je 3–4 Stiele Koriander und glatte Petersilie
Zubereitung: 30 Min.
Pro Portion: 540 kcal, 49 g EW, 27 g F, 10 g KH

1   Sesam in einer Pfanne ohne Fett goldbraun rösten. Herausnehmen und auskühlen lassen.

2   Den eventuell vorhandenen Fettrand der Rumpsteaks mehrmals einschneiden. 1 EL Öl in der Pfanne erhitzen. Steaks mit Salz und Pfeffer würzen und bei starker Hitze von jeder Seite 2–3 Min. anbraten. Aus der Pfanne nehmen und abkühlen lassen.

3   Paprika putzen, waschen und in kleine Würfel schneiden. Papaya schälen, halbieren und entkernen. Fruchtfleisch in Spalten schneiden. Gurke schälen und würfeln. Schalotte schälen und in sehr feine Ringe schneiden. Salat putzen, waschen, trocken schleudern und in Stücke zupfen.

4   Essig, Sojasauce, Orangensaft und restliches Öl verrühren. Mit Salz und Pfeffer würzen. Kräuter waschen, trocken tupfen, Blättchen abzupfen und hacken. Fleisch in Streifen schneiden und mit der Vinaigrette vermengen, kurz ziehen lassen. Restliche vorbereitete Zutaten unterheben. Mit Sesam bestreuen.

kalbfleischröllchen in tomatensauce

MIT SERRANOSCHINKEN UND SALBEI FEIN GEFÜLLT

150 g Vollkorn-Tagliatelle
Salz
1 dünne Stange Lauch
4 dünne Kalbsschnitzel (à ca. 80 g)
4 mittelgroße Salbeiblättchen
40 g frisch geriebener Parmesan
1 Msp. abgeriebene Schale von
  1 Bio-Zitrone
Pfeffer
4 hauchdünne Scheiben
  Serranoschinken
2 EL Olivenöl
1 kleine Zwiebel
500 g Tomaten
½ TL Zucker
Küchengarn
Zubereitung: 50 Min.
Pro Portion: 675 kcal, 60 g EW,
23 g F, 58 g KH

1   Nudeln in kochendem Salzwasser nach Packungsanweisung garen. Lauch putzen, waschen und längs in dünne Streifen schneiden. Lauchstreifen ca. 1 Min. vor Garzeitende der Nudeln in das Wasser geben und fertig garen.

2   Schnitzel etwas flacher klopfen. Salbeiblättchen waschen, trocken tupfen und sehr fein hacken. Salbei, Parmesan und Zitronenschale vermengen. Schnitzel leicht salzen, pfeffern und mit der Käse-Kräuter-Mischung bestreuen. Mit je 1 Scheibe Schinken belegen. Schnitzel fest zusammen rollen und mit Küchengarn zubinden.

3   Öl in einer beschichteten Pfanne erhitzen und die Röllchen 7–8 Min. bei mittlerer Hitze rundherum goldbraun braten. Röllchen aus der Pfanne nehmen.

4   Zwiebel schälen und fein würfeln. Tomaten waschen, halbieren und den Stielansatz entfernen. Tomaten in kleine Würfel schneiden. Zwiebeln im heißen Bratöl kurz andünsten. Tomaten zugeben und ca. 5 Min. andünsten. Mit Salz, Pfeffer und Zucker würzen.

5   Küchengarn von den Röllchen entfernen. Röllchen zur Tomatensauce geben und in ca. 3 Min. bei geschlossener Pfanne erhitzen. Lauch-Nudeln, Kalbfleischröllchen und Tomatensauce anrichten.

gästetipp Für vier Personen die doppelte Menge zubereiten. Dazu harmoniert besonders gut ein eisgekühlter Roséwein. Als Vorspeise passt die einfache Menge Kürbissuppe von Seite 55 und zum krönenden Abschluss eignet sich das Heidelbeer-Tiramisu von Seite 132. Dafür dann die Menge verdoppeln.

lamm mit kräuterkruste und zucchini-gemüse

AROMAKÜCHE FÜR SONNTAGS

1 Scheibe Toastbrot
1 EL fein gehackte gemischte
  Kräuter (z. B. Thymian und
  Petersilie)
1 Knoblauchzehe
2 EL Doppelrahmfrischkäse
1 Eigelb
Salz | Pfeffer
300 g Zucchini
150 g Kirschtomaten
1 Schalotte
350 g Lammlachse (ausgelöster
  Lammrücken)
3 EL Rapsöl
400 ml Gemüsebrühe
100g Polenta (feiner Maisgrieß)
abgeriebene Schale von
  ½ Bio-Zitrone
20 g weiche Butter
Zubereitung: 30 Min. |
Backen: 15 Min.
Pro Portion: 710 kcal, 48 g EW,
35 g F, 49 g KH

1   Backofen auf 200° vorheizen. Toast fein zerbröseln und mit den Kräutern mischen. Knoblauchzehe schälen und durch eine Knoblauchpresse dazu drücken. Frischkäse und Eigelb zugeben und alles glatt verrühren. Mit Salz und Pfeffer würzen.

2   Zucchini putzen, waschen und der Länge nach in Scheiben schneiden. Tomaten waschen. Schalotte schälen und fein würfeln.

3   Fleisch mit Salz und Pfeffer würzen. 2 EL Öl in einer beschichteten Pfanne erhitzen und das Fleisch darin bei starker Hitze 1 Min. von jeder Seite anbraten. Herausnehmen und auf ein mit Backpapier ausgelegtes Backblech legen.

4   Kräutermasse auf dem Fleisch verteilen und im heißen Ofen 12–15 Min. (Mitte, Umluft 180°) überbacken.

5   Gemüsebrühe in einem Topf aufkochen, Maisgrieß unter Rühren einrieseln lassen. Aufkochen und auf der ausgeschalteten Herdplatte ca. 10 Min. ausquellen lassen.

5   Restliches Öl in die Pfanne geben, erhitzen. Zucchini, Tomaten und Schalotte darin bei mittlerer Hitze ca. 5 Min. braten. Mit Salz, Pfeffer und ½ TL Zitronenschale würzen. Lammlachse und Zucchini-Tomaten-Gemüse anrichten.

7   Heiße Polenta kräftig umrühren. Die weiche Butter und restliche Zitronenschale unterrühren. Mit Salz und Pfeffer abschmecken.

variante Anstelle von Lammfleisch kann man auch Hähnchenbrustfilet oder Schweinefilet verwenden.

minutensteaks mit gemüsestreifen

ERINNERT AN DIE ITALIENISCHE KÜCHE

1 mittelgroße Zucchini
1 kleine Fenchelknolle
250 g Möhren
1 Zwiebel
1 Knoblauchzehe
3 EL Olivenöl
Salz | Pfeffer
4 Minutensteaks (à ca. 60 g)
1 TL getrocknete italienische Kräuter
1 TL Tomatenmark
150 ml Gemüsebrühe
50 ml trockener Weißwein
30 g frisch gehobelter Parmesankäse
Zubereitung: 35 Min.
Pro Portion: 430 kcal, 35 g EW, 26 g F, 11 g KH

1   Zucchini, Fenchel und Möhren putzen, waschen und in ca. 5 cm lange, feine Streifen schneiden. Zwiebel und Knoblauch schälen und fein hacken.

2   2 EL Öl in einer beschichteten Pfanne erhitzen. Möhren und Fenchel zugeben, bei mittlerer Hitze geschlossen ca. 5 Min. dünsten. Dabei ab und zu wenden. Zucchini, Zwiebel und Knoblauch zugeben, weitere ca. 5 Min. garen. Mit Salz und Pfeffer würzen.

3   Restliches Öl in einer zweiten beschichteten Pfanne erhitzen und die Steaks darin von jeder Seite 1–2 Min. anbraten. Mit Salz und Pfeffer würzen.

4   Kräuter und Tomatenmark zu dem Gemüse geben, alles gut vermengen. Unter Rühren mit Brühe und Weißwein ablöschen. Kurz aufkochen. Die Steaks auf dem Gemüse anrichten und mit gehobeltem Parmesan bestreuen. Dazu schmecken Bandnudeln.

geschnetzeltes mit radicchio

GANZ FEIN, GANZ LEICHT UND GANZ KÖSTLICH

300 g Rinderfilet
300 g Kräutersaitlinge | 1 rote Zwiebel
1 Zweig Rosmarin | 1 kleiner Radicchio
6 Walnusskerne | 3 EL Olivenöl
Salz | Pfeffer
1–2 EL Sherry | 1 TL Birnendicksaft
Zubereitung: 35 Min.
Pro Portion: 445 kcal, 55 g EW, 25 g F, 13 g KH

1   Rinderfilet in dünne Streifen schneiden. Pilze putzen, säubern und klein schneiden. Zwiebel schälen und würfeln. Rosmarin waschen, trocken tupfen und Nadeln abzupfen. Radicchio putzen, waschen und in Streifen schneiden. Walnusskerne grob hacken.

2   1 EL Öl erhitzen, Pilze darin 5 Min. anbraten. Mit Salz und Pfeffer würzen. Herausnehmen. Restliches Öl in die Pfanne geben. Fleisch darin 1 Min. anbraten. Mit Salz und Pfeffer würzen. Vorbereitete Zutaten zugeben, kurz mitbraten. Pilze, Sherry und Birnendicksaft zugeben und kurz aufkochen. Mit Salz und Pfeffer abschmecken. Dazu passt Steckrübenpüree.

steckrübenpüree

400 g Steckrübe | 300 g mehligkochende Kartoffeln | 1 EL Butter | 300 ml Gemüsebrühe | 2 Stiele glatte Petersilie | Salz | Pfeffer
Zubereitung: 35 Min.
Pro Portion: 180 kcal, 4 g EW, 5 g F, 29 g KH

Steckrübe und Kartoffeln schälen, waschen, klein schneiden und in der heißen Butter andünsten. Brühe zugießen, aufkochen und 20–25 Min. garen. Petersilie waschen, trocken tupfen, Blättchen hacken. Brühe bis auf 5 EL abgießen. Alles mit dem Kartoffelstampfer zerdrücken. Abschmecken. Mit Petersilie bestreuen.

MINUTENSTEAKS MIT GEMÜSESTREIFEN

rindfleisch

Es gehört neben Schweinefleisch zu den beliebtesten Fleischsorten. Kein Wunder, denn ein gut abgehangenes Stück Rindfleisch ist ein besonderer Genuss und sehr vielseitig in der Zubereitung. Es eignet sich sehr gut zum Braten, Grillen und Schmoren. Wichtig: Das Fleisch nach dem Einkauf aus dem Papier nehmen, auf einen Teller geben und locker mit Folie abdecken. Nicht länger als 2 Tage im Kühlschrank aufbewahren.

GESCHNETZELTES MIT RADICCHIO

hirschgulasch mit möhren

EDEL MIT ROTWEIN UND PREISELBEEREN

200 g Möhren
80 g Knollensellerie
1 Zwiebel
500 g Hirschgulasch
3 EL Öl
Salz | Pfeffer
1 EL Tomatenmark
200 ml trockener Rotwein
200 ml Wildfond (aus dem Glas)
  oder Fleischbrühe
1 TL getrockneter Thymian
1 Lorbeerblatt
1-2 TL Mehl
1 TL Preiselbeerkonfitüre
  (aus dem Glas)
Zubereitung: 25 Min. |
Schmoren: 1 Std. 15 Min.
Pro Portion ca. 600 kcal, 59 g EW,
26 F, 15 g KH

1   Möhren und Sellerie putzen, waschen, schälen und in kleine Würfel schneiden. Zwiebel schälen und fein würfeln. Das Hirschgulasch, falls nötig, noch etwas kleiner schneiden.

2   Öl in einem weiten Topf erhitzen und das Fleisch darin bei starker Hitze in zwei Portionen anbraten. Mit Salz und Pfeffer würzen, dann herausnehmen. Gemüse- und Zwiebelwürfel im heißen Bratöl anbraten. Tomatenmark einrühren und anschwitzen. Mit Salz und Pfeffer würzen. Fleisch wieder zugeben. Rotwein und Fond oder Brühe zugießen. Thymian und Lorbeerblatt zugeben, aufkochen, bei mittlerer Hitze ca. 1 Std. 15 Min. geschlossen schmoren lassen.

3   Mehl und 2 EL kaltes Wasser verrühren, in das Gulasch rühren und ca. 5 Min. offen köcheln lassen. Mit Preiselbeeren, Salz und Pfeffer abschmecken. Dazu schmecken Vollkorn-Kräuterknödel.

vollkorn-kräuterknödel

250 g Mehrkornbrötchen | 250 ml lauwarme Milch | 1 Ei | 40 g frisch geriebener Parmesan | 2 EL gehackte gemischte Kräuter (z. B. Petersilie, Thymian, Schnittlauch) | 1 EL Speisestärke | Salz | Pfeffer
Zubereitung: 1 Std.
Pro Portion: 505 kcal, 26 g EW, 14 g F, 72 g KH

1   Brötchen in kleine Würfel schneiden und mit Milch, Ei, Parmesan, Kräutern und Stärke verkneten. Mit Salz und Pfeffer würzen. Teig zugedeckt 15 Min. quellen lassen.

2   Salzwasser zum Kochen bringen. Aus dem Knödelteig mit angefeuchteten Händen 6 gleich große Knödel formen und im siedenden Salzwasser ca. 15 Min. gar ziehen lassen.

tipp   Falls Knödel übrig bleiben, am nächsten Tag in Scheiben schneiden und in der Pfanne in 1–2 EL Öl knusprig braten. Dazu schmeckt ein gemischter Salat.

buletten
»berliner art«

DER FRIKADELLENKLASSIKER GEHT AUF REISEN

1 kleine Zwiebel
350 g gemischtes Hackfleisch
1 Eigelb
1 TL mittelscharfer Senf
1 TL Tomatenmark
1 Msp. gemahlener Kümmel
½ TL edelsüßes Paprikapulver
½ TL getrockneter Majoran
½ TL Salz
1 EL Öl
Zubereitung: 30 Min.
Pro Portion: 540 kcal, 37 g EW,
43 g F, 1 g KH

1   Zwiebel schälen und fein würfeln. Hackfleisch, Zwiebel, Eigelb, Senf, Tomatenmark und Gewürze zu einem glatten Teig verkneten.

2   Mit angefeuchteten Händen 4 Frikadellen formen. Öl in einer Pfanne erhitzen und die Frikadellen darin bei mittlerer Hitze 12–15 Min. braten, dabei wenden. Dazu schmeckt Krautsalat.

variante orientalisch mit zimt

1 Knoblauchzehe | 350 g Rinderhackfleisch | 1 EL Ajvar (s. Seite 18) | 1 Eigelb | 1 EL gehackte Mandeln | ½ TL Currypulver | 1 Msp. gemahlener Zimt | ⅓ TL Salz | 1 EL Öl
Pro Portion: 490 kcal, 42 g EW, 35 g F, 1 g KH

Knoblauch schälen und fein hacken. Hackfleisch, Knoblauch, Ajvar, Eigelb, Mandeln und Gewürze zu einem glatten Teig verkneten. 4 Frikadellen formen und im heißen Öl bei mittlerer Hitze 12–15 Min. braten. Dazu schmecken Reis und Minzjoghurt. Dafür 200 g Vollmilchjoghurt mit Salz, Pfeffer und 1 Msp. Kreuzkümmel würzen. 2 Stiele Minze waschen, trocken tupfen und hacken. Gehackte Minze unterrühren.

variante griechisch mit schafskäse

1 Zwiebel | 1 Knoblauchzehe | 20 g schwarze, entsteinte Oliven | 350 g gemischtes Hackfleisch | 1 Eigelb | 1 Msp. Kreuzkümmel | ½ TL getrockneter Oregano | Salz | Pfeffer | 30 g Schafskäse | 1 TL Paniermehl | 1 EL Öl
Pro Portion: 600 kcal, 40 g EW, 47 g F, 3 g KH

Zwiebel und Knoblauch schälen. Zwiebel in feine Würfel schneiden. Knoblauch und Oliven fein hacken. Hackfleisch, Zwiebel, Knoblauch, Oliven, Eigelb, Gewürze und 1 Msp. Salz glatt verkneten. Schafskäse zerbröckeln. Paniermehl und Schafskäse unterkneten. 4 Frikadellen formen und im heißen Öl 12–15 Min. braten.

KARTOFFELTOPF MIT BLUMENKOHL

linseneintopf
mit würstchen

DA WERDEN KINDHEITSERINNERUNGEN WACH

1 kleines Bund Suppengemüse
200 g Kartoffeln
1 Zwiebel
2 EL Rapsöl
150 g Tellerlinsen (ohne Einweichen)
1 Lorbeerblatt
1 TL getrockneter Majoran
Salz | Pfeffer
1 TL Rotweinessig
2 Wiener Würstchen
3 Stiele glatte Petersilie
Zubereitung: 1 Std.
Pro Portion: 640 kcal, 31 g EW, 34 g F, 51 g KH

1   Suppengemüse und Kartoffeln putzen, waschen, wenn nötig schälen und in kleine Würfel schneiden. Zwiebel schälen und fein würfeln.

2   Öl in einem Topf erhitzen und die Zwiebelwürfel darin andünsten. Linsen und ¾ l Wasser zugeben und aufkochen. Gemüse, Kartoffeln, Lorbeerblatt und Majoran dazugeben und bei mittlerer Hitze geschlossen ca. 30 Min. kochen lassen.

3   Der fertigen Eintopf mit Salz, Pfeffer und Essig würzen. Würstchen in den Eintopf geben und darin kurz erhitzen. Petersilie waschen, trocken tupfen, Blättchen abzupfen und hacken. Eintopf mit gehackter Petersilie bestreuen.

kartoffeltopf
mit blumenkohl

IMMER WIEDER GUT

500 g Kartoffeln
1 Bund Suppengemüse
1 kleiner Blumenkohl (ca. 700 g)
1 Zwiebel
3 EL Öl
100 g magerer geräucherter Speck (am Stück)
je ½ TL getrockneter Majoran und Thymian
1 Lorbeerblatt
Salz | Pfeffer
Zubereitung: 1 Std.
Pro Portion: 685 kcal, 17 g EW, 49 g F, 43 g KH

1   Kartoffeln schälen, waschen und fein würfeln. Suppengemüse putzen, waschen, wenn nötig schälen und in kleine Würfel schneiden. Blumenkohl putzen, waschen und in kleine Röschen teilen. Zwiebel schälen und würfeln.

2   Öl in einem Topf erhitzen. Zwiebel darin andünsten. Suppengemüse und Kartoffeln zugeben und kurz mitdünsten. Speck, Gewürze und 650 ml Wasser zugeben. Aufkochen und bei mittlerer Hitze geschlossen ca. 30 Min. köcheln lassen.

3   10 Min. vor Garzeitende Blumenkohl unterheben und fertig garen. Speck aus dem fertigen Eintopf nehmen, in Würfel schneiden und zurück in den Eintopf geben. Mit Salz und Pfeffer abschmecken.

reis-hackpfanne mit spitzkohl

MIT FRISCHEM GURKEN-DIP SERVIERT

150 g Vollkornreis
Salz
1 kleiner Spitzkohl (ca. 500 g)
1 Zwiebel | 2 EL Olivenöl
300 g Rinderhackfleisch
Pfeffer
½ TL edelsüßes Paprikapulver
1 TL getrockneter Oregano
1 Mini-Salatgurke
150 g Vollmilchjoghurt
3 Zweige Minze
1 kleine Knoblauchzehe
1 Msp gemahlener Kreuzkümmel
Zubereitung: 1 Std.
Pro Portion: 785 kcal, 47 g EW, 36 g F, 66 g KH

1   Reis in Salzwasser nach Packungsanweisung kochen. Spitzkohl putzen, halbieren und den Strunk entfernen. Kohl waschen und in dünne Streifen schneiden. Zwiebel schälen und würfeln.

2   Öl in einer Pfanne erhitzen. Hackfleisch darin krümelig anbraten. Zwiebel zugeben und kurz mitbraten. Mit Salz, Pfeffer, Paprikapulver und Oregano würzen. Hackfleisch herausnehmen und zur Seite stellen. Kohl in die Pfanne geben und im heißen Bratfett anbraten. Salzen. Mit ⅛ l Wasser ablöschen, kurz aufkochen und bei mittlerer Hitze geschlossen 8 Min. garen.

3   Gurke schälen, längs halbieren, entkernen und fein raspeln. Joghurt, Gurke und 1 Prise Salz verrühren. Minze waschen, trocken tupfen, Blättchen hacken. Knoblauch schälen und zum Joghurt pressen. Dip mit Minze, Knoblauch, Salz und Kreuzkümmel abschmecken.

4   Reis abgießen, mit dem Hackfleisch unter den Kohl mischen, abschmecken. Mit dem Dip anrichten.

kasseler mit möhren

SCHMECKT MIT SCHUPFNUDELN SUPER GUT

300 g ausgelöstes Kasselerkotelett
150 g Möhren
1 große Stange Lauch
1 rote Zwiebel
6 getrocknete Datteln
4 EL Öl
Salz | Pfeffer
1 TL getrockneter Thymian
200 ml Fleischbrühe
500 g Schupfnudeln (Kühlregal)
Zubereitung: 35 Min.
Pro Portion: 810 kcal, 23 g EW, 28 g F, 112 g KH

1   Kasseler in Würfel schneiden. Möhren putzen, waschen, schälen und in dünne Scheiben schneiden. Lauch putzen, waschen und in Ringe schneiden. Zwiebel schälen und in Spalten schneiden. Datteln falls nötig entkernen und klein hacken.

2   2 EL Öl in einem Topf erhitzen. Das Kasseler darin unter Rühren ca. 5 Min. anbraten. Herausnehmen. Möhren, Lauch und Zwiebel ins Bratfett geben und unter Rühren kurz anbraten. Mit Salz, Pfeffer und Thymian würzen. Datteln und Kasseler zugeben. Brühe zugießen und ca. 15 Min. geschlossen garen.

3   Restliches Öl in einer beschichteten Pfanne erhitzen und die Schupfnudeln darin unter Rühren 5–10 Min. goldbraun braten. Herausnehmen und unter das Möhrengemüse mischen. Mit Salz und Pfeffer abschmecken.

SÜSSE SACHEN & GETRÄNKE

Hin und wieder ein himmlisches Dessert, ein Stück saftiger Kuchen, edles Konfekt & Co – das muss einfach sein! Am besten schmeckt es dann natürlich selbst gemacht und vor allem, die Zubereitung ist gar nicht so schwer. Nicht nur das: Auch ein Drink aus der eigenen Küche kann schnell Karriere machen.

zweierlei fruchtkugeln

KLEIN, RUND UND SEHR LECKER

Für 36 Kugeln:
50 g gemahlene Mandeln
100 g getrocknete Cranberrys
3–5 Tropfen Bittermandelaroma
1 Prise Salz | 2 EL flüssiger Honig
2 EL Kokosraspel
100 g Soft-Pflaumen
80 g Cantuccini (ital. Mandelkekse)
1 Msp. Zimt
1–2 TL Rum oder einige Tropfen Rum-Aroma
1 EL Orangensaft
Zubereitung: 45 Min.
Pro Stück: 40 kcal, 1 g EW, 1 g F, 6 g KH

1   Mandeln in einer Pfanne unter Rühren ohne Fett goldbraun rösten. Herausnehmen und abkühlen lassen. Cranberrys mit dem Stabmixer fein pürieren.

2   Mandeln, Cranberrys, Bittermandelaroma, Salz und Honig glatt verkneten. Aus der Fruchtmasse mit Hilfe von 2 Teelöffeln ca. 18 Kugeln formen und rundherum in Kokosraspeln wälzen.

3   Pflaumen und Cantuccini nacheinander im Blitzhacker fein mahlen. 1 EL gemahlene Cantuccini abnehmen und mit Zimt vermengen. Übrige gemahlene Cantuccini, Pflaumen, Rum und Orangensaft glatt verkneten. Mit Hilfe von 2 Teelöffeln ca. 18 Kugeln formen und in den Cantuccini-Zimt-Bröseln wälzen.

tipp Wenn Sie Rum-Aroma verwenden, einfach 1 TL mehr Orangensaft zu der Pflaumen-Masse geben. Sonst lässt sich die Masse nicht so leicht verarbeiten.

süße nusscracker mit rosinen

KNACKIG MIT VIELEN GESUNDEN ZUTATEN

Für 24 Stück:
40 g Bananenchips
80 g Cashewnüsse
2 EL Erdnussbutter
125 g flüssiger Honig
60 g Zucker
40 g Kokosraspel
40 g Rosinen
130 g kernige Haferflocken
Zubereitung: 20 Min. | Backen: 20 Min.
Pro Stück: 90 kcal, 2 g EW, 3 g F, 14 g KH

1   Backofen auf 150° vorheizen. Bananenchips und Cashewnüsse grob hacken. Erdnussbutter, Honig und Zucker in einem Topf bei mittlerer Hitze unter Rühren schmelzen lassen.

2   Kokosraspel, Rosinen, Haferflocken, Bananenchips und Cashewnüsse zu der Honigmasse geben und sorgfältig verrühren.

3   Alufolie auf ein Backblech legen und die Masse mit einem angefeuchteten Löffel darauf zu einem Rechteck (28 cm x 22 cm) verstreichen. Dabei vorsichtig festdrücken. Im heißen Ofen (Mitte, Umluft 130°) 20 Min. backen. Herausnehmen, etwas abkühlen lassen und in 24 Stücke schneiden.

ZWEIERLEI FRUCHTKUGELN

zucchini-marzipan-cupcakes

AMERIKANISCHER KAFFEEKLASSIKER

Für 6 Cupcakes:
100 g Zucchini
1 Bio-Orange
85 g Butter
100 g Marzipanrohmasse
½ Päckchen Vanillinzucker
2 Eier (Größe M)
130 g Weizenmehl (Type 1050)
1 TL Backpulver
2 EL Doppelrahmfrischkäse
1 EL Puderzucker
Fett und Mehl für die Form
Zubereitung: 25 Min. |
Backen: 25 Min.
Pro Stück: 350 kcal, 7 g EW,
22 g F, 30 g KH

1   Backofen auf 200° vorheizen. Zucchini putzen, waschen, trocken reiben und fein raspeln. Orange heiß waschen, trocken reiben und die Schale fein abreiben. Saft auspressen.

2   75 g Butter, Marzipanrohmasse in Stückchen, Vanillinzucker und die Hälfte der Orangenschale mit den Quirlen des Handrührgeräts cremig rühren. Eier nacheinander unterrühren. Mehl und Backpulver mischen und nach und nach unterrühren. Zucchiniraspel und 1–2 EL Orangensaft zugeben und unterrühren.

3   Teig in 6 gefettete, mit Mehl ausgestäubte Mulden eines Muffinblechs geben und im heißen Ofen (2. Schiene von unten, Umluft 180°) ca. 25 Min. backen. Herausnehmen und auskühlen lassen.

4   Für die Creme restliche Butter, Frischkäse, Puderzucker und die Hälfte der Orangenschale mit den Quirlen des Handrührgeräts glatt rühren. Bis zum Servieren kaltstellen. Die Oberfläche der Muffins mit der Orangencreme verzieren, mit restlicher Orangenschale bestreuen und servieren.

tipp Die Cupcakes gelingen auch mit Kürbis- oder Möhrenraspel. Ohne Creme können sie auch gut eingefroren werden. Dann im vorgeheizten Backofen bei 180° 10 Min. auftauen lassen. Übrigens, falls Sie kein Muffinblech besitzen: Zwei Papierbackförmchen ineinandersetzen, den Teig mit Hilfe eines Esslöffels einfüllen und wie oben beschrieben backen.

limetten-kokos-kuchen

1 TEIG – 2 KUCHEN IM KLEINFORMAT

Für 1 kleine Napfkuchenform
(oder mehrere kleine Formen von
insgesamt ca. 850 ml Inhalt;
ca. 8 Scheiben)
75 g weiche Butter
100 g Zucker
2 Eier (Größe M)
2 EL Kokosraspel
130 g Weizenmehl (Type 1050)
1 TL Backpulver
4 EL Kokosmilch
1 Bio-Limette
100 g Puderzucker
Fett und Mehl für die Form
Zubereitung: 30 Min. |
Backen: 35 Min. |
Auskühlen: 1 Std.
Pro Scheibe: 275 kcal, 4 g EW,
12 g F, 37 g KH

1   Backofen auf 200° vorheizen. Weiche Butter und Zucker cremig rühren. Eier nacheinander unterrühren. 1 EL Kokosraspel, Mehl und Backpulver mischen. Abwechselnd mit der Kokosmilch unterrühren. Limette heiß waschen, trocken reiben und die Schale abreiben. Saft auspressen. Gut die Hälfte der Schale unter den Teig rühren. Teig in eine gefettete und mit Mehl ausgestäubte Form geben. Im heißen Ofen (2. Schiene von unten, Umluft 180°) 30–35 Min. backen.

2   Kuchen herausnehmen, kurz ruhen lassen, stürzen und auskühlen lassen. Restliche Limettenschale und 1 EL Kokosraspel vermischen. 1–2 EL Limettensaft und Puderzucker verrühren. Guss über dem Kuchen verteilen und mit Raspelmischung bestreuen. Fest werden lassen.

variante cranberry-mandel-kuchen

30 g Mandelstifte | 30 g getrocknete Cranberrys | 100 ml Orangen-saft | 75 g Butter | 100 g Zucker | 1/2 Päckchen Vanillinzucker | Salz |
2 Eier (Größe M) | 130 g Weizenmehl (Type 1050) | 1 TL Backpulver |
75 g Zartbitter-Kuvertüre | Fett und Mehl für die Form
Zubereitung: 20 Min. | Backen: 35 Min. | Auskühlen: 1 Std.
Pro Stück: 300 kcal, 5 g EW, 16 g F, 22 g KH

Backofen auf 200° vorheizen. Mandeln ohne Fett goldbraun rösten. Cranberrys und Orangensaft aufkochen und 1 Min. köcheln lassen. Ab-kühlen lassen. Cranberrys abgießen, dabei den Saft auffangen. Weiche Butter, Zucker, Vanillinzucker und 1 Prise Salz cremig rühren. Eier unter-rühren. Mehl und Backpulver mischen und abwechselnd mit 1–2 EL Orangensaft unterrühren. Teig in eine gefettete und mit Mehl ausge-stäubte Form füllen und backen (s. oben). Kuvertüre hacken, in einem Topf bei schwacher Hitze unter Rühren schmelzen lassen. Auf dem aus-gekühlten Kuchen verteilen, fest werden lassen.

kirsch-vollkorn-crumble

SCHNELL GEMACHTES KAFFEEGLÜCK

Für 1 Auflaufform (24 x 17 cm)
400 g Süßkirschen
50 g kalte Butter
80 g Weizenmehl (Type 1050)
50 g Zucker
½ Päckchen Vanillinzucker
1 Prise Salz
Butter für die Form
Zubereitung: 20 Min. |
Backen: 30 Min.
Pro Portion: 570 kcal, 6 g EW,
27 g F, 74 g KH

1   Auflaufform fetten. Backofen auf 180° vorheizen. Kirschen waschen, entstielen und entkernen.

2   Butter in kleine Würfel schneiden. Butter, Mehl, Zucker, Vanillinzucker und Salz in eine Schüssel geben und rasch verkneten, dabei mit den Fingerspitzen zu Streuseln zerkrümeln.

3   Kirschen in die Form geben und die Streusel darauf verteilen. Im heißen Ofen (Mitte, Umluft 160°) ca. 30 Min. backen. Herausnehmen, kurz abkühlen lassen. Dazu schmeckt Vanilleeis.

der crumble kommt ursprünglich aus England und gehört dort zum festen Küchenrepertoire. Er ist unserem Streuselkuchen ähnlich und so versteht sich auch die Übersetzung gleich besser. Crumble heißt übersetzt Krümel. Es gibt viele unterschiedliche Rezepte. Aber eines haben sie alle gemeinsam: Saftige Früchte werden mit süßen Streuseln gebacken. Sehr gut eignen sich auch Äpfel, Pflaumen, Birnen oder gemischte Sommerbeeren. Auch die Streusel variieren. Je nach Geschmack können gehackte Mandeln, Zimt, Zitronenschale, Kekskrümel oder Haferflocken unter den Teig geknetet werden. Dazu passt Eis oder eine gekühlte Vanillesauce.

varianten Mittlerweile gibt es auch herzhafte Crumble-Varianten. Überbacken werden z. B. Tomaten, Zucchini, Pilze oder auch gewürztes Hackfleisch. Bei den Streuseln dann den Zucker weglassen und ein kleines Ei unter den Teig kneten. Geriebenen Käse oder Kräuter unterkneten. Dazu passt Kräuterquark.

dinkel-bananengrieß

SCHMECKT SO SCHÖN NACH KINDHEIT

2 Kardamomkapseln
2 reife Bananen (à ca. 160 g)
1 EL Zitronensaft
600 ml Milch
120 g Dinkelvollkorngrieß (Reformhaus)
1-2 EL Zucker
1 Ei (Größe M) | 1 Prise Salz
300 g frisches Obst der Saison (z. B. Erdbeeren, Himbeeren, Heidelbeeren, Kirschen, Äpfel, Birnen, Zuckermelone, Ananas oder Mango)
2 EL Kokoschips
Zubereitung: 20 Min.
Pro Portion: 700 kcal, 24 g EW, 22 g F, 100 g KH

1   Kardamomkapseln aufbrechen und die Samen in einem Mörser fein zermahlen. Bananen schälen und grob zerdrücken. Mit Zitronensaft beträufeln.

2   Milch und Kardamom aufkochen. Grieß und Zucker langsam unter Rühren in die kochende Milch rieseln lassen. Brei vom Herd nehmen. Zerdrückte Bananen und Ei zügig einrühren. Brei wieder auf die heiße Platte stellen und unter Rühren noch einmal aufkochen lassen. Mit Salz abschmecken, vom Herd nehmen und ca. 5 Min. quellen lassen.

3   Obst putzen, waschen, wenn nötig schälen und klein schneiden. Heißen Brei auf zwei Teller verteilen. Obst daraufgeben. Mit Kokoschips bestreuen.

tipp Als Dessert reicht diese Menge für vier Personen. Dafür den Brei in Schälchen geben, auskühlen lassen. Mit Obst und Kokoschips servieren. Statt Kardamom schmeckt auch 1 Msp. gemahlener Zimt sehr fein.

heidelbeer-tiramisu

MIT QUARK & MANDELMUS

1 Glas Heidelbeeren (125 g Abtropfgewicht)
1 TL Speisestärke
1 TL Zitronensaft
250 g Speisequark (20% Fett)
2 EL Vollmilch
1 EL Agavendicksaft oder Zucker
80 g Cantuccini (ital. Mandelkekse z. B. aus Dinkelmehl)
4 EL Orangensaft
1 EL weißes Mandelmus (Reformhaus)
Zubereitung: 25 Min. | Kühlen: 3 Std.
Pro Portion: 430 kcal, 22 g EW, 20 g F, 38 g KH

1   Heidelbeeren abgießen, Saft dabei auffangen und 100 ml abmessen. 1 EL Saft abnehmen und mit der Stärke glatt rühren. Restlichen Saft und Zitronensaft aufkochen, Stärkemischung einrühren. Aufkochen und ca. 1 Min. köcheln. Vom Herd nehmen und Heidelbeeren unterheben.

2   Quark, Milch und Agavendicksaft oder Zucker verrühren. Cantuccini grob zerbrechen und etwa zwei Drittel davon auf den Boden von zwei Gläsern oder Dessertschalen verteilen. Mit 2 EL Orangensaft beträufeln. Die Hälfte des Quarks und das Mandelmus in den Gläsern verteilen. Restliche Cantuccini darauf verteilen und mit restlichem Orangensaft beträufeln. Heidelbeeren, bis auf 2 EL, daraufgeben und restlichen Quark darauf verteilen. Mit übrigen Heidelbeeren abschließen. Zugedeckt mind. 3 Std. kühl stellen.

HEIDELBEER-TIRAMISU

KOKOSQUARK MIT BRATANANAS

kokosquark mit bratananas

VORSICHT - HIER BESTEHT SUCHTGEFAHR!

2 EL Johannisbeergelee
250 g Speisequark (20% Fett)
2 EL Kokosraspel
½ Päckchen Vanillinzucker
¼ Ananas (ca. 200 g)
1 TL Butter
1 EL Ahornsirup oder flüssiger Honig
1 TL Rum oder einige Tropfen natürliches
  Rumaroma (Reformhaus)
1 Stiel Zitronenmelisse
Zubereitung: 20 Min.
Pro Portion: 310 kcal, 16 g EW, 12 g F, 32 g KH

1   Johannisbeergelee glatt rühren. Quark, Gelee, Kokosraspel und Vanillinzucker verrühren. Kokosquark mit Alifolie abdecken und für ca. 20 Min. in das Gefrierfach stellen.

2   Inzwischen die Ananas putzen, schälen, dabei die Augen großzügig entfernen, den Strunk herausschneiden und das Fruchtfleisch in kleine Stücke schneiden. Butter in einer beschichteten Pfanne erhitzen. Ananas darin bei mittlerer Hitze ca. 5 Min. unter Rühren goldbraun braten. Ahornsirup oder Honig und Rum zugeben, kurz aufkochen und vom Herd nehmen. Ananasstücke in der Flüssigkeit wenden.

3   Melisse waschen, trocken tupfen und Blättchen abzupfen. Kokosquark auf zwei Schalen verteilen, mit heißen Fruchtstücken belegen und mit Zitronenmelisseblättchen anrichten.

himbeersorbet mit cassis

ETWAS FEINES FÜR DANACH

300 g Himbeeren oder TK-Himbeeren
50 g Puderzucker
1 EL Cassis (schwarzer Johannisbeerlikör)
3 EL trockener Weißwein
1 EL Limettensaft
1 Eiweiß
Zubereitung: 30 Min. | Gefrieren: 1 Std.
Pro Portion: 180 kcal, 4 g EW, 0 g F, 34 g KH

1   Himbeeren verlesen und in einen Topf geben. Bei mittlerer Hitze unter Rühren aufkochen. Himbeeren durch ein feines Sieb streichen. Himbeerpüree mit Puderzucker, Cassis, Wein und Limettensaft verrühren. Auskühlen lassen.

2   Eiweiß mit den Quirlen des Handrührgerätes steif schlagen. Eischnee zu dem Himbeerpüree geben und mit dem Schneebesen zu einer glatten Masse verrühren. Sorbetmasse in eine flache Schale geben und 1 Std. in das Gefrierfach stellen. Alle 15 Min. mit dem Schneebesen sorgfältig durchrühren. Sorbet in kleinen Gläsern oder Tassen anrichten.

6 drinks

1 früchte-eistee

Für 4 Gläser
Zubereitung: 10 Min. | Auskühlen: 2 Std.
Pro Glas: 45 kcal, 0 g EW, 0 g F, 11 g KH
1 EL schwarzer Tee | 2 TL brauner Zucker | 1 Bio-
Orange | ½ Bio-Zitrone | ¼ l Zitronenlimonade |
Eiswürfel

Tee mit 3/4 l kochendem Wasser übergießen. 2 Min.
ziehen lassen. Mit Zucker süßen und auskühlen lassen. Orange und Zitrone heiß waschen und in Scheiben schneiden. Limonade und Früchte zum Tee geben. 1 Std. kaltstellen. Mit Eiswürfeln servieren.

2 himbeer-melonen-bowle

Für 4 Gläser
Zubereitung: 15 Min.
Pro Glas: 90 kcal, 0 g EW, 0 g F, 12 g KH
50 g Himbeeren | 100 g Zuckermelonenfrucht-
fleisch | 1 TL Puderzucker | 2 EL roter Portwein |
200 ml Piccolo eiskalter trockener Sekt |
300 ml eiskalte Apfelsaftschorle

Himbeeren verlesen. Melone würfeln. Früchte, Puderzucker und Portwein mischen. 10 Min. im Kühlschrank
ziehen lassen. Mit Sekt und Schorle aufgießen.

3 kräuterbuttermilch

Für 2 Gläser
Zubereitung: 15 Min.
Pro Glas: 50 kcal, 4 g EW, 1 g F, 6 g KH
1/2 Salatgurke | je 2–3 Stiele Petersilie, Basilikum
und Minze | 200 ml Buttermilch | Salz | Pfeffer

Gurke schälen, längs halbieren und entkernen. Gurke
würfeln. Kräuter waschen, trocken tupfen, Blättchen
abzupfen und grob hacken. Beides fein pürieren. Buttermilch zugießen, mit Salz und Pfeffer würzen.

4 kokosmilch mit maracuja

Für 2 Gläser
Zubereitung: 15 Min.
Pro Becher: 255 kcal, 5 g EW, 17 g F, 19 g KH
2 Maracujas | 1 Bio-Orange | 1 kleine Dose Kokos-
milch (160 ml) | 200 ml Vollmilch | 2 TL Honig

Maracujas halbieren, Kerne und Fruchtfleisch in einen
Topf geben. Orangensaft auspressen. Saft, Kokosmilch und Milch in den Topf geben und aufkochen.
Vom Herd nehmen und kurz ziehen lassen. Je 1 TL Honig in einen Becher geben. Heiße Milch durch ein feines Sieb in die Gläser gießen. Nach Wunsch mit Orangenschale bestreuen. Schmeckt heiß und kalt.

5 orientalischer eiskaffee

Für 2 Gläser
Zubereitung: 15 Min. | Auskühlen: 2 Std.
Pro Glas: 355 kcal, 1 g EW, 23 g F, 18 g KH
1 walnussgroßes Stück Ingwer | 5 Kardamomkap-
seln | 3 Nelken | 400 ml heißer Kaffee | 1 EL Zucker |
100 g Schlagsahne | 2 Kugeln Eis | etwas Zimt

Ingwer schälen und in Scheiben schneiden. Kardamom, Nelken und Ingwer in den heißen Kaffee geben.
Mit Zucker süßen. Auskühlen lassen. 1 Std. kaltstellen. Sahne steif schlagen. Je 1 Kugel Eis in ein Glas geben. Kaffee durch ein feines Sieb dazugießen. Sahne
darauf verteilen und mit Zimt bestäuben.

6 teepunsch mit kirschen

Für 2 Gläser
Zubereitung: 10 Min.
Pro Becher: 110 kcal, 0 g EW, 0 g F, 18 g KH
200 ml Kirschnektar | 100 ml Apfelsaft | 100 ml
trockener Rotwein | 3 EL Kirschen (aus dem Glas) |
1 Zimtstange | 2 Beutel Früchtetee | 2 EL Grenadine
(Granatapfelsirup)

Nektar, Apfelsaft, Rotwein, Kirschen, Zimtstange und
Teebeutel erhitzen (nicht kochen). Jeweils 1 EL Grena-
dine in die Gläser geben. Punsch zugeben.

rezeptregister

bücher und adressen,
die weiterhelfen

BÜCHER

Prof. Dr. I. Elmadfa/ W. Aign/ D. Fritsche
Nährwerte: Gesundheit kann man essen
GU Gesundheits-Kompasse
Gräfe und Unzer Verlag 2008

Prof. Dr. J. Vormann/ C. Wiedemann
Der Lebensmittel-IQ
Genial gesund essen
Gräfe und Unzer Verlag 2009

E. Lange/ E. Trunz-Carlisi
Schlankmacher
Die 50 besten GU Tipps
Gräfe und Unzer Verlag 2009

Dr. med. D.Pape/ Dr. med. B. Quadbeck/ A. Cavelius
Die Hormonformel
Wie Frauen wirklich abnehmen
Gräfe und Unzer Verlag 2009

Awai Cheung
Die Qui Formel
Die 5 Geheimnisse der inneren Zufriedenheit
Gräfe und Unzer Verlag 2010

...mehr von Ira König

Ira König
Sommergemüse
Gräfe und Unzer Verlag 2010

Ira König
Römertopf
Gräfe und Unzer Verlag 2010

Ira König
15 Minuten-Single-Küche
Gräfe und Unzer Verlag 2009

Ira König/ Kay-Henner Menge
1x kochen, 2x essen
Gräfe und Unzer Verlag 2009

Ira König
Einfach gut, super günstig
Gräfe und Unzer Verlag 2009

INTERNETADRESSEN

Hier können Sie sich näher über gesunde Ernährung, Qulitätssiegel und den ökologischen Landbau informieren:

www.dge.de
www.aid.de

www.demeter.de
www.bioland.de
www.naturland.de
www.msc.org/de
www.transfair.org

www.biosiegel.de
www.oekolandbau.de
www.bmelv.de

Wenn Sie sich eine Biokiste nach Hause oder ins Büro schicken lassen möchten, finden sie unter folgender Adresse Ihren regionalen Anbieter:

www.oekokiste.de

Wildkräuter, Würzkräuter und essbare Blüten können Sie über nachstehende Adresse beziehen:

www.essbare-landschaften.de

Gesundheit und Genuss

Mit Leichtigkeit zum Wohlbefinden

ISBN 978-3-8338-1852-3
144 Seiten

ISBN 978-3-8338-0744-2
144 Seiten

ISBN 978-3-8338-2007-6
144 Seiten

Das macht sie so besonders:

▪ Rezepte mit Genussgarantie

▪ viele Rundum-gesund-Tipps

▪ fundierte Informationen – verständlich erklärt

Willkommen im Leben.

powered by GU

Einfach göttlich kochen und himmlisch speisen?

Die passenden Rezepte, Küchentipps und -tricks

in Wort und Film finden Sie ganz einfach unter:

www.küchengötter.de

impressum

DIE AUTORIN

Ira König hat lange bei namhaften Food-Zeitschriften als Redakteurin gearbeitet. Heute ist die Hamburgerin als Journalistin und Autorin (www.irakoenig.de) erfolgreich. Bei GU sind bereits zahlreiche Titel von ihr erschienen, darunter „15-Minuten-Single-Küche", „Schnelles für Mutter und Kind" und „Einfach gut & super günstig". Aus eigenen Erfahrungen mit Familie, Freunden und Bekannten weiß sie genau, worauf Paare jeden Alters beim Thema „Essen & Genießen" Wert legen. Aus diesem Wissen sind 99 Rezepte entstanden, die gekonnt die traditionelle und moderne leichte Küche miteinander verbinden und zeigen möchten, dass Genuss mit einer gesunden Zubereitung perfekt harmonieren kann.

DER FOTOGRAF

Wolfgang Schardt kann seine Liebe für Essen und Trinken beruflich ausleben. In seinem Studio in Hamburg fotografiert er vor allem Food, Stills und Interieur für Magazine wie FEINSCHMECKER, für Verlage und Werbung. Unterstützt wurde er von Michaela Pfeiffer und Miriam Geyer, die für das Foodstyling und die Requisite verantwortlich waren.

BILDNACHWEIS

Titelfoto und alle anderen:
Wolfgang Schardt, Hamburg

Syndication:
www.jalag-syndication.de

TITELBILDREZEPT

Minutensteaks mit Gemüsestreifen
(S. 112)

© 2011
GRÄFE UND UNZER VERLAG GmbH, München
Alle Rechte vorbehalten. Nachdruck, auch auszugsweise, sowie die Verbreitung durch Film, Funk, Fernsehen und Internet, durch fotomechanische Wiedergabe, Tonträger und Datenverarbeitungssysteme jeglicher Art nur mit schriftlicher Genehmigung des Verlages.

Projektleitung: Stephanie Schönemann
Lektorat: Regina Rautenberg
Korrektorat: Dagmar Reichel
Umschlaggestaltung und Innenlayout: independent Medien-Design, Horst Moser, München
Satz: Bernd Walser Buchproduktion, München
Herstellung: Claudia Labahn
Reproduktion: Wahl Media GmbH, München
Druck: Firmengruppe APPL, aprita druck, Wemding
Bindung: Firmengruppe APPL, sellier druck, Freising

ISBN 978-3-8338-2164-6

1. Auflage 2011

GRÄFE UND UNZER

Ein Unternehmen der
GANSKE VERLAGSGRUPPE